PROYECTOS MACRAMÉ

Una guía paso a paso con 29 proyectos para crear impresionantes colgantes para plantas, telones de fondo y arte de pared para los colgantes de plantas, almohadas y más

Anne Duval

© **Derechos de autor 2020 – Todos los derechos reservados.**

El contenido de este libro no puede ser reproducido, duplicado o transmitido sin permiso directo por escrito del autor o del editor.
Bajo ninguna circunstancia se podrá culpar o responsabilizar legalmente al editor, o al autor, por cualquier daño, reparación o pérdida monetaria debido a la información contenida en este libro, ya sea directa o indirectamente.

Aviso Legal:
Este libro está protegido por derechos de autor. Este libro es sólo para uso personal. No puede modificar, distribuir, vender, usar, citar o parafrasear ninguna parte, o el contenido de este libro, sin el consentimiento del autor o editor.

Aviso de exención de responsabilidad:
Por favor, tenga en cuenta que la información contenida en este documento es sólo para fines educativos y de entretenimiento. Se ha hecho todo lo posible para presentar información completa, precisa, actualizada y fiable. No se declaran ni se implican garantías de ningún tipo. Los lectores reconocen que el autor no está prestando asesoramiento jurídico, financiero, médico o profesional. El contenido de este libro se ha obtenido de varias fuentes. Por favor, consulte a un profesional licenciado antes de intentar cualquier técnica descrita en este libro.

Al leer este documento, el lector está de acuerdo en que bajo ninguna circunstancia el autor es responsable de las pérdidas, directas o indirectas, en que se incurra como resultado del uso de la información contenida en este documento, incluyendo, pero sin limitarse a ello, errores, omisiones o inexactitudes.

Tabla de contenidos

Introducción: Macramé 4

Herramientas e implementos.. 10

Nudos y técnicas... 21

Almohadas Macramé, atrapa sueños y técnicas de envoltura 31

Brazaletes de Macramé I 59

Brazaletes de Macramé II 93

Brazaletes de Macramé III 127

Brazaletes Macramé IV.. 144

Patrones de Macramé: Artículos de moda 157

Perchas de plantas 170

Tejidos de fondo. Arte mural y decoración de interiores... 195

Otras cosas que puedes hacer con el Macramé.............. 217

Conclusión 232

Introducción: Macramé

El macramé es un tipo de fabricación textil que no requiere el método convencional de tejer o hacer punto, sino alternativamente por medio de un conjunto de nudos. Se considera que comenzó desde el siglo XIII en el hemisferio occidental con todos los tejedores árabes. No se convertirán las cintas e hilos sobrantes de las puntas de ambos paños tejidos a mano, como toallas, velos y chales, en flecos decorativos. Lo que descubrimos fascinante es que los marineros habían sido personas que crearon genuinamente este atractivo y se les ha imputado la dispersión de este arte a varios estados a través de los respiraderos que detendrían. Decoraban los mangos de los cuchillos, botellas y otras cosas que posiblemente se puedan descubrir en el barco y los utilizaban para encontrar algo que querían o deseaban cuando llegaban a tierra. En referencia a esto, los marineros del siglo XIX generaron hamacas y correas con una actividad denominada «pie cuadrado».

Los materiales que se utilizan a menudo para el macramé son el hilo de algodón, el cáñamo, el hilo o el cuero. Aunque hay variaciones, los nudos principales serían el nudo cuadrado, aunque la viabilidad completa y el doble medio enganche. La joyería se desarrolla generalmente mezclando cintas con diamantes, anillos o cubos. En el caso de que eches un vistazo a la gran mayoría de los brazaletes de la amistad agotados por los chicos de la facultad, aprenderás que han sido creados con Macramé.

Después de haber estado analizando sobre estos nudos básicos que se utilizan a menudo en la creación de Macramé, llegué a la Cavaedia Macramé. Este diseño comprende dos colores; que consistirán en 2 nudos principales que pueden dejarse haciendo un tipo de tela más suave que funciona muy bien para los manteles de mesa, bolsos, etc. Junto con las cubiertas, Cavaedia Macramé es muy conocida como Valentina Cavaedia que obtuvo un trofeo de oro de la fama en 1961 antes de morir a la edad de 97 años en 1969. De vuelta en Italia, durante toda la conclusión de la primera guerra mundial, esta excepcional dama se convirtió en la directora de una casa para los niños huérfanos en medio de toda la maldad que estaba sucediendo. Este es realmente un centro donde aproximadamente 100 jóvenes pueden ser colocados entre las edades de 1 a 5 años. Para mantener a los niños ocupados, les educó en un arte que había escuchado de su bisabuela, Macramé. Se creaban registros los niños que ingresaban al orfanato, y la abuela de sus ahorros matrimoniales, difundió una porción a cada niño cuando salían de la casa. Lamentablemente, su casa, en la que vivió hasta 1936, debido a la situación política de Italia ya que era difícil de mantener por los benefactores de su casa.

El entusiasmo por el Macramé pareció desvanecerse durante algún tiempo, pero fue ampliamente utilizado desde los años 70 por los neo-hippies americanos, así como por el público grunge en la producción de joyas. Este arte estaba compuesto por brazaletes hechos a mano, tobilleras y pulseras adornadas con cuentas de vidrio hechas a mano y elementos naturales como concha y hueso.

El macramé es un arte divertido de intentar y comenzarás con un presupuesto muy pequeño. Puede que encuentres una buena cantidad de diseños baratos o gratuitos y unos cuantos manuales de instrucciones que te ayudarán a empezar. Esta puede ser una embarcación ideal para mantener a sus hijos, nietos o cualquier persona ocupada.

Es probable que esta técnica se abra en cierta medida debido a su propia viabilidad. Inesperadamente, es muy probable que genere cosas con sólo las manos usando suministros baratos.

¿Por qué es interesante el Macramé?

El macramé es un procedimiento de fabricación de un tejido que utiliza muchos nudos para producir la forma y función muy sencilla de este producto. Cada uno puede ser hecho con tus palmas, y entonces no hay ninguna herramienta exigida aparte del anillo de rutina, que te ayuda a mantener la mercancía instalada que estás trabajando.

Para contemplar el Macramé, el esfuerzo tendrá un mínimo de un nudo. Normalmente, las actividades del Macramé están llenas de nudos. Ocasionalmente, tienes componentes combinados con varias técnicas como la poda o el tejido.

Macramé para mesas

Al día de hoy, el macramé sigue siendo un tipo de arte que atrae al oeste de las naciones árabes. Los tejedores que utilizaron este componente de la tierra usaron muchas formas de anudar para completar las grandes cosas de las cosas con flecos.

Los tejidos se extendieron por toda Europa, todos empezaron a probar el anudado como pasatiempo.

Las chicas no eran las únicas que practicaban el macramé. Los marineros mendigaban con fines funcionales, sin embargo, en viajes largos, el ejercicio de anudar funcionaba como un medio para mantenerse ocupado. Una vez que entraban en nuevas aguas, podían intercambiar los artículos de Macramé que dejaban en el barco. Los artículos populares contenían sombreros, gorros y correas.

El macramé es una pieza de fibra flexible que puede ser empleada potencialmente para hacer de todo, desde figuras hasta joyas, bolsos, además de ropa. Los adornos como centros de madera o vidrio, combinados con hilos de colores, también pueden abrir una colección de posibilidades creativas.

Conoce un poco el intrigante trasfondo del macramé antes de ir con los métodos y consejos fundamentales para encontrar el enfoque ideal para empezar a crear tu propio macramé personal.

Los Antecedentes del Macramé

Los orígenes del macramé son intrigantes. Algunos piensan que la expresión vendrá del término *miasma*, que significa "franja". Otras personas creen que sus raíces se encuentran en el macramé, lo que explica la toalla y sigue siendo un medio para resolver los problemas de la poda con hilos exorbitantes alrededor de la parte inferior del material tejido.

En casi todos los eventos, el macramé decorativo aparece seguido primero por los Asirios que representan el trenzado de flecos utilizado para decorar las cortinas. Después de eso se dispersó en Europa a través del norte de África, lo que llevó el macramé a España.

Una forma tan maravillosa de invertir el tiempo y podría ser vendida para llevarla a áreas como China y al mundo más nuevo. Hamacas, correas y franjas de campana lateral juntas son una gama favorita de los marineros americanos y británicos en el siglo XIX. Textos como el de 1877, la publicación real de encaje de macramé sobre diferentes diseños y nudos, revelan lo sexy que había sido el procedimiento en ese momento.

Después de tomar un poco de fama, el macramé encontró un Resurgimiento. Finalmente tiene éxito y siendo normalmente algo cíclico. Hoy en día, el macramé llega directamente de artesanos que hacen diseños modernos con los históricos procedimientos de anudado.

Herramientas e implementos

Materiales del Macramé

Los estilistas del macramé utilizan diferentes tipos de materiales. Los componentes pueden clasificarse de dos maneras principales: los materiales naturales y los sintéticos.

- **Materiales naturales**

Las cualidades de los materiales naturales difieren de los sintéticos y conocer estas cualidades le ayudaría a hacer un mejor uso de ellas. Los materiales de cordón natural que existen hoy en día incluyen el yute, el cáñamo, el cuero, el algodón, la seda y el lino. También hay hilos hechos de fibras naturales. Las fibras de materiales naturales están hechas de plantas y animales.

- **Materiales sintéticos**

Al igual que los componentes naturales, los sintéticos también se utilizan en los proyectos de macramé. Las fibras de los materiales sintéticos se fabrican mediante procesos químicos. Los principales son el cordón de nylon para cuentas, la olefina, el cordón de satén y el cordón de paracaídas.

Suministros generales

La tabla del proyecto esencial

Hay varios tipos diferentes de diseños de tablas acolchadas disponibles en Internet. Algunos están hechos de espuma y otros de corcho. También hay algunos disponibles para comprar en tiendas de cuentas que no son de espuma, sino que tienen un borde festoneado que te permite calzar su cordón entre las vieiras, siempre y cuando sus cordones sean lo suficientemente largos para llegar al borde de la tabla.

Prefiero usar espuma gruesa que me da la capacidad de empujar mi alfiler recto hasta el final, usando la cabeza para sujetar el cordón con fuerza cuando sea necesario. Una característica que usé a menudo cuando estaba aprendiendo. También, seguidamente lo clavo horizontalmente a través de un cordón para darle algo de tensión sin perforar el cordón mismo.

Para hacer mi tabla, empecé con un trozo de espuma sobrante que estaba por ahí. (Ok, estaba tirado en casa de mi madre, pero estaba en el ático, así que es un juego justo, ¿verdad?). Como pueden ver, hice un corte grueso que es un poco más grande que mi portapapeles. Esto es aproximadamente 12 x 13 pulgadas. Donde estará el clip de arriba, corté una pendiente.

Añadí unas 4 pulgadas a cada lado y recorté mi tela. Elija sabiamente aquí. En mi primer intento usé una tela muy ligera y suave de color rosa que era un material de tipo franela. Cuando trabajaba en un proyecto, especialmente recogiendo cuentas para ensartarlas en las cuerdas, siempre tenía pequeños trozos de pelusa en mis dedos y en mi camino. El algodón es una mejor opción. Cubre la espuma con tu tela. Gire hacia atrás y póngale un imperdible en su lugar. Me gusta poder quitar la tapa para lavarla (puede que haya un derrame de café en el futuro) o simplemente cambiarla si no funciona (como la cosa rosa).

Gíralo hacia el frente y coloca tu portapapeles.

Mantengo los clavos rectos en las esquinas superiores de mi tabla, que uso para fijar los cordones, sujetar los cierres o mantener un punto de mira focal.

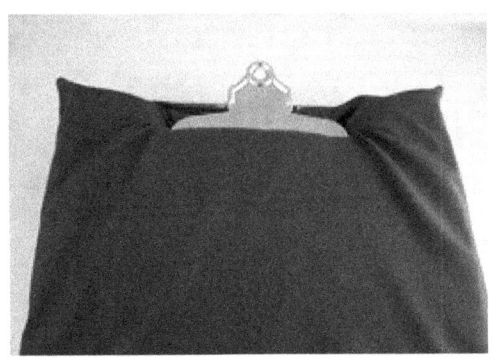

Herramientas

Herramientas de perforado

Las perlas correctas pueden realmente complementar tu proyecto. Qué divertido es encontrar la forma y el color perfecto, y luego ir corriendo a casa para trabajar en tu creación, y qué decepción si luego pasas horas luchando con la diminuta abertura de la perla que se niega obstinadamente a pasar a tu cordón.

Entonces, ¿cuál es la solución? Un simple juego de escariadores de perlas. A menudo utilizo el más pequeño, pero he tenido ocasión de alcanzar el tamaño siguiente también. Mis escariadores son para usarlos en cuentas de vidrio, cerámica, perlas y piedras. Esta herramienta puede literalmente suavizar el camino con bolas difíciles.

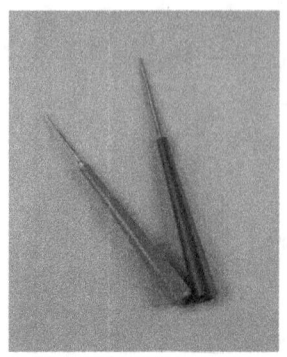

Herramientas de abalorios

Es una buena idea tener a mano algunas herramientas básicas de abalorios. Varios patrones tienen anillos de salto o cierres de cinta que se beneficiarían del uso de (mostrados de izquierda a derecha) alicates de punta de aguja, alicates de punta redonda, una herramienta de engarce y cortadores de alambre. También necesitará un par de tijeras pequeñas y afiladas. Y quiero decir afilados; si son desafilados, deshilacharán el cordón cuando lo cortes.

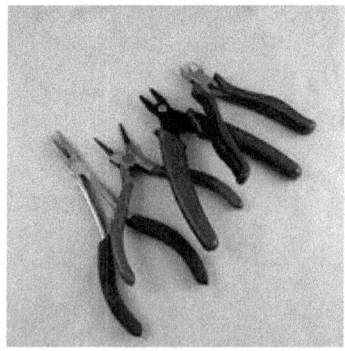

Pegamento

A menudo en el micro-macramé, tus únicos cabos sueltos

están al final del proyecto cuando lo atas todo. En mi experiencia, este es tu eslabón más débil. Así que, ¿por qué no lo refuerza lo mejor que pueda? Mucha gente usa esmalte de uñas; yo prefiero el pegamento. Un tipo de pegamento que puedes usar es el *E6000*. Funciona bien con el cuero y muchos fabricantes de joyas prefieren usarlo.

Otra buena opción es el pegamento multiusos *Beacon 527*. Se seca claro, aunque brillante. Normalmente dejo que se seque bien (a menudo durante la noche), luego recorto mis cordones y aplico una segunda capa.

Nota: Algunos artesanos usan una herramienta de chamuscado para fusionar los extremos de los cordones de nylon, derritiéndolos juntos. Esto deja un poco de residuo negro, así que usa esta técnica sólo en cuerdas oscuras, o donde no se vea como detrás de una bola o botón focal.

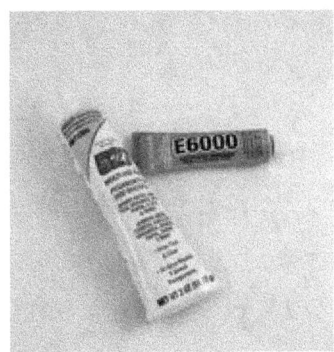

Alfileres

Los alfileres rectos son importantes en el trabajo de diseño de micro-macramé. Algunas personas prefieren los alfileres de forma T. De cualquier manera, un mango largo es más cómodo para trabajar. Los alfileres son vitales cuando se trata de mantener las cuerdas en su lugar, y son útiles para desenredar un error sin desenredar la cuerda.

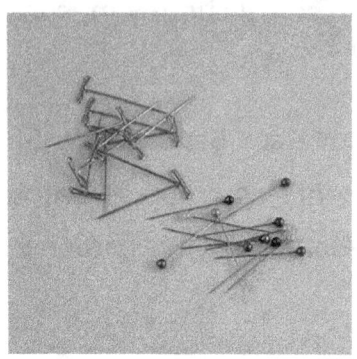

Cordones y pendientes

Tipos de cordones

C-Lon - Mis patrones usan un cordón llamado cordón de cuentas *C-Lon* de peso fino. Es un cordón de nylon de 3 capas comparable al nylon *Conso* y *Mastex #18* pero ofrece una gama mucho más amplia de opciones de color y un precio más bajo por bobina. Este cordón es del tamaño estándar para la joyería de micro macramé. También está disponible en diámetros más pequeños.

Nailon *Tuff* - También un cordón de nylon de 3 capas, está disponible en 16 colores y tiene varias opciones de tamaño. No se estira ni se mancha, y resiste el deshilachado. El tamaño 5 es comparable al de la cuerda de abalorios *C-Lon*.

D&E (antes *Mastex no. 18*) - cordón de nylon originalmente diseñado para la industria de la tapicería, es suave y flexible. Disponible en unos 17 colores.

Tipos de piedras

Metal - Estos son metales no preciosos que ofrecen una alternativa menos costosa que la plata y el oro.

Cristal - Es la refracción creada por los diversos cortes en una superficie de vidrio que le da al cristal un brillo de fantasía.

Vidrio - Esta categoría es donde encontrarás perlas de fuegos y perlas de estilo lámpara. Versátil y asequible, el abalorio de vidrio es una excelente opción para los novatos.

Semipreciosas (o piedras preciosas) - Estas cuentas son una opción popular ya que ofrecen una gran variedad de opciones.

La lista es extensa, así que aquí están algunos: ágata, ámbar, granate, jade, malaquita y ónix.

Arcilla - Estas cuentas pueden ser de arcilla de cerámica, que se cuece en un horno y se esmalta, o de porcelana que generalmente implica un torno de alfarero, un horno y pintura a mano. También hay arcilla polimérica, que técnicamente no es una arcilla en absoluto, sino un plástico. Este material es una arcilla cocida al horno que puede ser usada en casa para hacer tus propias cuentas únicas y es muy versátil.

Otras - También hay cuentas hechas de concha, como madreperla, concha de tigre, abulón y concha de caracol. También puedes encontrar cuentas de madera que provienen de la corteza, raíces o ramas de muchos tipos de árboles. Algunas cuentas de madera están talladas y han sido populares durante generaciones.

Medición del cordón

Antes de embarcarse en un proyecto de macramé, es esencial que determine la cantidad de hilo que necesitará. Esto incluye saber la longitud del cordón requerido y el número total de materiales que debe comprar.

Equipo: para medir, necesitarás un papel para escribir, lápiz, regla de cinta y calculadora. También se necesitarían algunos conocimientos básicos de conversión de unidades, como se indica a continuación:

1 pulgada = 25.4 milímetros = 2.54 centímetros

1 pie = 12 pulgadas

1 yarda = 3 pies = 36 pulgadas

1 yarda = 0.9 metros

Nota: La circunferencia de un anillo = 3.14 * diámetro medido a través del anillo

Medición del ancho

Lo primero que hay que hacer es determinar el ancho final del área más amplia de tu proyecto. Una vez que tengas este ancho, apunta con un lápiz.

Determinar el tamaño real de los materiales, midiendo su ancho de un extremo a otro.

A continuación, puede proceder a determinar el tipo de patrón de nudos que desea utilizar con el conocimiento del patrón de nudos. Debe conocer el ancho y el espacio (si es necesario) de cada nudo. También debe determinar si desea añadir más cuerdas para ampliar una zona o si necesitaría cuerdas adicionales para las compuertas.

Con la fórmula dada arriba, calcula y determina la circunferencia del anillo de tus diseños.

Determinar la técnica de montaje que se utilizará. La cuerda puede ser montada en una espiga, anillo u otra cuerda. Los cordones doblados afectan tanto a la longitud como a la anchura de la medida del cordón.

Nudos y técnicas

Nudo de corona China

Este es un gran nudo inicial para cualquier proyecto y puede ser usado como la base del proyecto. Usa un cordón ligero para esto, se puede comprar en tiendas de artesanía o en línea, donde quiera que consigas tus suministros de macramé.

Observa las fotos con mucho cuidado a medida que avanzas en este proyecto y tómate tu tiempo para asegurarte de que estás usando la cuerda correcta en el punto correcto del proyecto.

No te apresures, y asegúrate de que tienes la misma tensión en todo momento. La práctica hace la perfección, pero con las ilustraciones para ayudarte, encontrarás que no es nada difícil de crear.

Usa un alfiler para ayudar a mantener todo en su lugar mientras trabajas.

Tejer las cuerdas dentro y fuera de cada uno como se puede ver en las fotos. Ayuda a practicar con diferentes colores para ayudarte a ver lo que está pasando.

Aprieta el nudo, y repite para la fila de afuera.

Continúa haciendo esto tan a menudo como quieras para crear el nudo. Puedes hacerla tan gruesa como quieras, dependiendo del proyecto. También puedes crear más de una longitud en el mismo cordón.

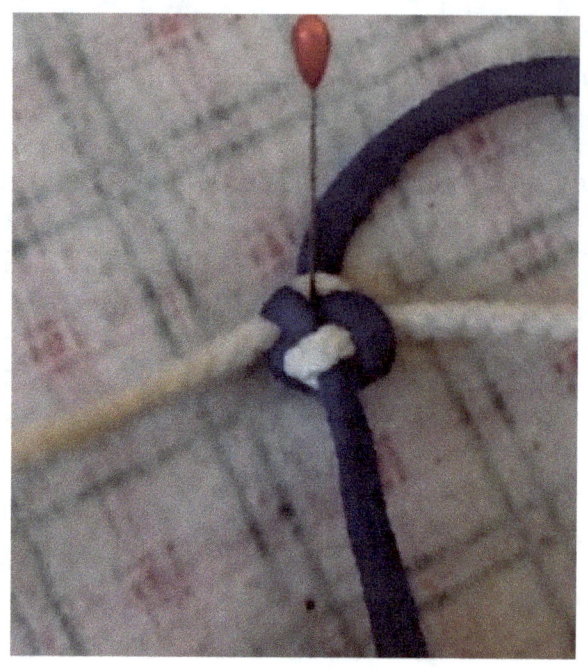

Para el proyecto terminado, asegúrate de tener todos los nudos seguros y firmes en todo momento, y haz lo mejor para asegurarte de que todo esté parejo. Va a requerir práctica antes de que puedas conseguirlo perfectamente cada vez, pero recuerda que la práctica hace la perfección, y con el tiempo, lo conseguirás sin demasiados problemas.

Asegúrate de que todo esté parejo, seguro y átalo. ¡Corta

todos los cabos sueltos, y estarás listo para irte!

El nudo cuadrado

Este es un gran nudo inicial para cualquier proyecto y puede ser usado como la base del proyecto. Usa un cordón ligero para esto, se puede comprar en tiendas de artesanía o en línea, dondequiera que consigas tus suministros de macramé.

Observa las fotos con mucho cuidado a medida que avanzas en este proyecto y tómate tu tiempo para asegurarte de que estás usando la cuerda correcta en el punto correcto del proyecto.

No te apresures, y asegúrate de que tienes la misma tensión en todo momento. La práctica hace la perfección, pero con las ilustraciones para ayudarte, encontrarás que no es nada difícil de crear.

Para el proyecto terminado, asegúrate de tener todos los nudos seguros y firmes en todo momento, y haz lo mejor para asegurarte de que todo esté parejo. Va a requerir práctica

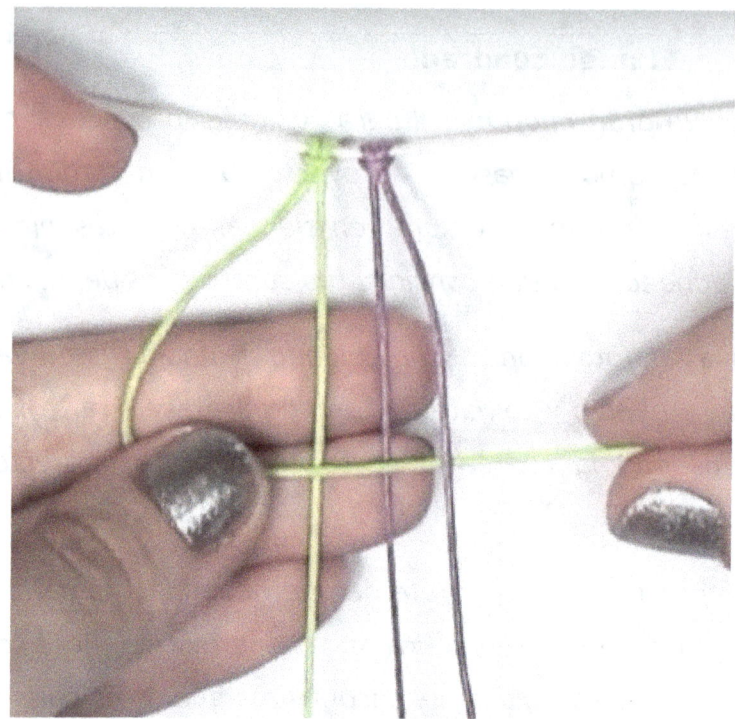

antes de que puedas conseguirlo perfectamente cada vez, pero recuerda que la práctica hace la perfección, y con el tiempo, lo conseguirás sin demasiados problemas.

Asegúrate de que todo esté igual, seguro y átalo. ¡Corta todos los hilos sueltos, y estarás listo para seguir!

Alternando nudos cuadrados

Este es el nudo perfecto para usar para colgantes de cestas, decoraciones o cualquier proyecto que vaya a requerir que pongas peso en el proyecto. Usa un cordón de peso más pesado para esto, que puedes encontrar en tiendas de artesanía o en línea.

Observa las fotos con mucho cuidado a medida que avanzas en este proyecto y tómate tu tiempo para asegurarte de que estás usando la cuerda correcta en el punto correcto del proyecto.

No te apresures, y asegúrate de que tienes la misma tensión en todo momento. La práctica hace la perfección, pero con las ilustraciones para ayudarte, encontrarás que no es nada difícil de crear.

Comienza en la parte superior del proyecto y trabaja hacia la parte inferior. Manténgalo parejo mientras trabaja a lo largo de la pieza. Ata los nudos a intervalos de 4 pulgadas, abriéndote paso por todo el asunto.

Ata cada nuevo nudo de forma segura antes de pasar al siguiente. Recuerde que cuanto más se iguale, mejor será.

Trabaja primero en un lado de la pieza, luego haz el nudo en el otro lado, luego seguir alternando los lados, con un nudo que los une en el medio, como podéis ver en la foto.

De nuevo, mantén esto mientras trabajas.

Lleva el nudo hacia el centro y asegúrate de tener longitudes iguales a ambos lados de la pieza.

Tira de esto con seguridad hasta el centro de la cuerda, y luego pasa al de la cuerda.

Vas a recoger la cuerda en un lado para el conjunto de nudos, luego vas a volver al otro lado de la pieza para trabajar otro conjunto de nudos en el otro lado.

Trabaja esto de manera uniforme, y luego volverás al centro.

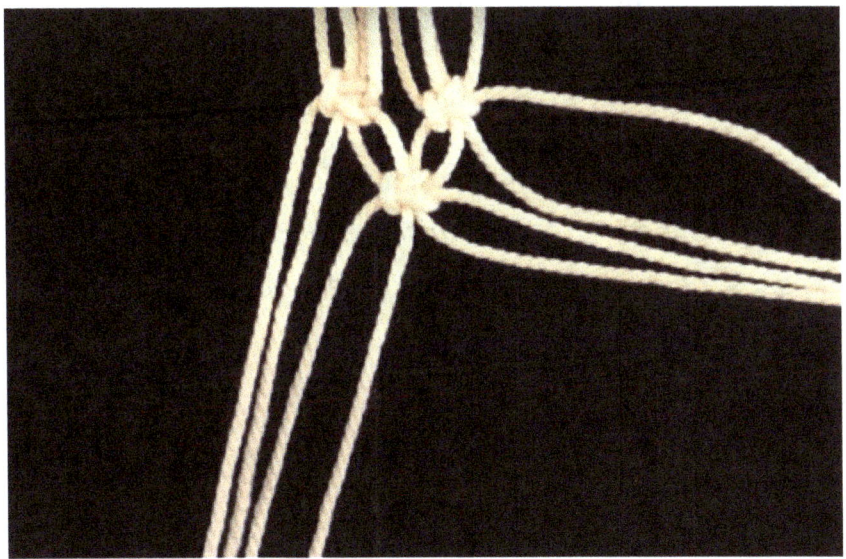

Es una cuestión de secuencia. Trabaja en un lado, luego vuelve al principio, y luego vuelve al otro lado una vez más. Continúe haciendo esto mientras sus cuerdas lo estén, o si lo necesita para el proyecto.

Para el proyecto terminado, asegúrate de tener todos los nudos seguros y firmes en todo momento, y haz lo mejor para asegurarte de que todo esté parejo. Va a requerir práctica antes de que puedas conseguirlo cada vez mejor, pero recuerda que la práctica hace la perfección, y con el tiempo, lo conseguirás sin tantos problemas.

Asegúrate de que todo esté igual, seguro y átalo. ¡Corta todos los hilos sueltos, y estarás listo para seguir!

El nudo de cabeza Lark

Este es un gran nudo de inicio para cualquier proyecto y puede ser usado como la base del proyecto. Usa un cordón ligero para esto, se puede comprar en tiendas de artesanía o en línea, dondequiera que consigas tus suministros de macramé.

Observa las fotos con mucho cuidado a medida que avanzas en este proyecto y tómate tu tiempo para asegurarte de que estás usando la cuerda correcta en el punto correcto del proyecto.

No te apresures, y asegúrate de que tienes la misma tensión en todo momento. La práctica hace la perfección, pero con las ilustraciones para ayudarte, encontrarás que no es nada difícil de crear.

Utiliza la cuerda base como la parte central del nudo, trabajando alrededor del extremo de la cuerda con el cordón. Asegúrate de que todo esté parejo mientras enrollas la cuerda alrededor de la base del cordón.

Haz un nudo corredizo alrededor de la base de la cuerda y mantén ambos extremos parejos mientras tiras de la cuerda por el centro de la pieza.

Para el proyecto terminado, asegúrate de tener todos los nudos seguros y firmes en todo momento, y haz lo mejor para asegurarte de que todo esté parejo. Va a requerir práctica antes de que puedas conseguirlo cada vez mejor, pero recuerda que la práctica hace la perfección, y con el tiempo, lo conseguirás sin tantos problemas.

Asegúrate de que todo esté igual, seguro y átalo. ¡Corta todos los hilos sueltos, y estarás listo para seguir!

Nudo de cabeza Lark invertido

Este es un gran nudo inicial para cualquier proyecto y puede ser usado como la base del proyecto. Usa un cordón ligero para esto, se puede comprar en tiendas de artesanía o en línea, dondequiera que consigas tus suministros de macramé.

Observa las fotos con mucho cuidado a medida que avanzas en este proyecto y tómate tu tiempo para asegurarte de que estás usando la cuerda correcta en el punto correcto del proyecto.

No te apresures, y asegúrate de que tienes la misma tensión en todo momento. La práctica hace la excelencia, pero con las ilustraciones para ayudarte, encontrarás que no es nada difícil de crear.

Usa las dos manos para asegurarte de que tienes todo parejo y apretado mientras trabajas. Puedes usar pinzas si te ayuda a apretar la base de la cuerda.

Usa ambas manos para tirar de la cuerda uniformemente hacia abajo contra la cuerda de la base para crear el nudo.

Una vez más, mantén la base uniforme mientras tira del centro, creando el nudo firme contra su cuerda guía.

Cuando termines el proyecto, asegúrate de tener todos los nudos seguros y firmes en todo momento, y asegúrate de la mejor manera de que todo esté igual. Va a requerir destreza antes de que puedas conseguirlo cada vez mejor, pero recuerda que la práctica hace la excelencia, y con el tiempo, lo obtendrás sin tanta dificultad.

Asegúrate de que todo esté igual, seguro y átalo. ¡Corta todos los hilos sueltos, y estarás listo para seguir!

Almohadas Macramé, atrapa sueños y técnicas de envoltura

Proyecto 1: Almohadas con borlas y flecos de Macramé:

Materiales:

Una funda de almohada con cremallera de tela lisa en los componentes de la funda del cojín. Una combinación de enriquecedoras molduras (descubrí las mías en las ventas de garaje, sin embargo, puedes encontrar algunas comparables aquí o allá), listón de medir, tijeras de textura, bolígrafo de textura lavable, pegamento de textura (usé Pegamento marca *Brawl Check*).

Extendí mi funda de almohada sencilla. Probablemente podría haberlo presionado primero, pero no soy esa clase de jovencita. En ese momento corté mi primera línea de borde para que fuera del ancho específico de la funda de la almohada. ¡No es fundamental acertar! ¡Simplemente alinéalo y corta!

Extiende y corta el resto de tus columnas de recorte a la medida, e invierte algo de energía ajustándolas hasta que las tengas exactamente como las necesitas en la facción completada. Haz pequeñas comprobaciones en los bordes de donde estará tu línea de pasta, de esa manera cuando saques el borde de la franja, puedes usar tu listón de medir (o cualquier cosa con un borde recto) para sacar una conclusión obvia y hacer una línea recta sobre el mismo. Con tu lápiz de estampado de texturas (o también si eres como yo, puedes usar el marcador de *Crayola* de tu hijo ya que es ventajoso para el alcance de los brazos y será cubierto por el flequillo de cualquier manera).

Ejercicio de lección de almohadas de flecos:

Asegúrate de seguir todas las instrucciones de tu de pegamento de textura (yo usé Pegamento) y presiona un poco de pegamento sobre una de las líneas de tu bolígrafo. En ese punto, comienza hacia un lado y cuidadosamente empuja hacia abajo el borde de la orilla a medida que avanzas. Está bien si no baja mucho, ya que tienes la oportunidad de enderezarlo antes de que el pegamento se seque. ¡Anótese! Por supuesto, puedes usar una máquina de coser en lugar de un palito de textura para esto, sin embargo, no me gustaría molestarme en intentar controlar la funda de la almohada para no coser a través de las dos capas. Puede que seas más hábil que yo en el trabajo con agujas, ¡así que ponlo todo en juego!

Mantente atrás y asegúrate de que esté derecho y, en cualquier caso, cambiarlo es esencial. ¡En ese punto, bajen el resto de sus columnas de manera similar! Rellena estos medios al otro lado de tu cubierta, para que se reflejen unos a otros. Además, usa el pegamento *Fray Check* en los bordes para evitar que se deshilache tu corte.

Este palito de textura se seca al tacto muy rápidamente; sin embargo, le di 24 horas decentes antes de que lo alterara como un control de cordura. Hice dos de estos a la vez, ya que necesitaba arriesgarme a destruir uno de ellos sólo para ver cómo se hacían las cosas. La única vez que he usado tinte *Rit* fue de esta empresa, así que soy un as lamentable y me amenazaron con destruirlo. Sea como fuere, creo que ha salido muy bien y el color que usé fue verde azulado).

Si lo hubiera dejado empapar más tiempo, especulo que el flequillo se habría oscurecido y estaría más cerca de un color similar al de la tela, ¡pero no me preocuparía que este monocromático se viera tan bien! En caso de que quiera colorear el suyo, le sugiero que pase el borde y la funda de la almohada independientemente antes de fijar el borde a la almohada.

Proyecto 2: Envoltura de regalo

El DIY de envoltorio de regalo de macramé podría ser el método más simple para saltar al tren del macramé. O posiblemente lo fue para mí. Necesitaba probar la especialidad, sin embargo, me di cuenta de que entrar en una aventura gigantesca podía terminar en una calamidad. Este es mi método para dar una puñalada a los nudos de macramé... y ¡todos a la vez! Simplemente úsalos para animar tus paquetes y tendrás un envoltorio de regalo de macramé hecho a mano. Magnífico, ¿verdad? Esta fue originalmente publicada en "Artesanías Desatadas", donde soy colega del plan. Lo estoy publicando aquí por si acaso no lo has visto. ¡Añade este envoltorio de regalo de macramé a cualquier presente que estés dando! ¡Un pensamiento especial, rápido y simple!

En este punto, simplemente pon un par de días más para idealizar tus procedimientos y aumentar tu nivel de habilidad. ¡En poco tiempo tendrás una impresionante pared de macramé colgada en tu casa!

Proyecto 3: Atrapa sueños

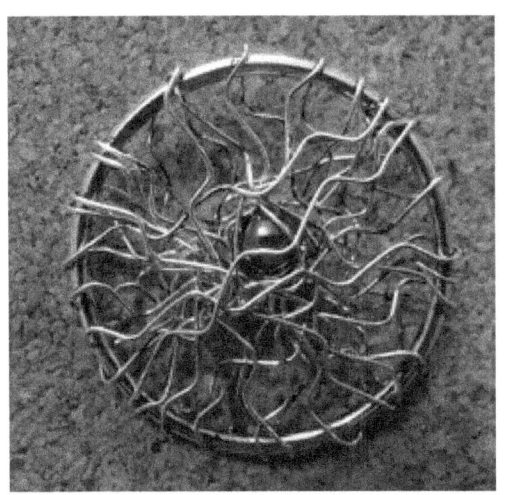

Paso 1 - Primero crearemos la pieza central del atrapa sueños para el brazalete.

Empuja la cuenta de hematita de 6mm en el centro de la forma del alambre y mueva las envolturas de alambre sobre y alrededor de ella para asegurarla en su lugar.

Paso 2 - Cortar una longitud de 5 cm de cable de 6mm.

Haz un pequeño lazo en un extremo del cable usando los extremos de los alicates de punta redonda. Colocar una cuenta de hematita de 4mm en el cable.

Paso 3 - Hacer un segundo bucle pequeño para que coincida con el primero, después de la cuenta de hematita. Recorte el exceso de cable según sea necesario.

Paso 4 - Crear dos componentes más de cuentas de hematita para que coincidan con las creadas en los pasos 2 y 3.

Paso 5 - Usando 3 anillos de salto de 4mm, unir las plumas a un lazo en cada componente de la cuenta de hematita.

Paso 6 - Atar 3 anillos de salto de 4mm más en los extremos opuestos del componente de la cuenta de hematita. Estas serán las colas de los atrapa sueños.

Paso 7 - Usar los últimos 3 anillos de salto de 4mm para conectar las colas a la forma de alambre envuelto. Puede que te resulte más fácil usar ambos pares de alicates para cerrar los anillos de salto en este paso.

Paso 8 - Calentar suavemente los extremos de todos los cordones de cola de rata para sellarlos y evitar que se deshilachen.

Usando un nudo de cabeza de alondra, ata uno de los cordones de 40 pulgadas al centro de un lado del atrapa sueños.

El nudo de cabeza de una alondra se crea doblando la cuerda por la mitad y luego enhebrando el lazo creado en el medio sobre el borde del atrapa sueños. Los largos extremos del cordón se pasan por el bucle y se tiran hasta que el bucle se cierra alrededor del borde de metal.

El lazo puede ser enhebrado en cualquier dirección, pero tendrás que hacer las tres de la misma manera, ya que al hacerlo de adelante hacia atrás se crea un nudo que se ve diferente a enhebrar el cordón de atrás hacia adelante.

Paso 9 - Ata los otros dos cordones de 40 pulgadas al atrapa sueños de la misma manera, uno de cada lado del primero.

Paso 10 - Extiende las cuerdas y enuméralas mentalmente del 1 al 6.

Paso 11 - Enhebrar una cuenta de hematita de 8mm en el hilo 2. Usando los hilos 1 y 3 haz un nudo cuadrado debajo de la cuenta.

Paso 12 - Enhebrar una cuenta de hematita de 8mm en el hilo 5. Usando los hilos 4 y 6 haz un nudo cuadrado debajo de la cuenta.

Paso 13 - Separar los cordones de modo que los cordones 1 y 6 estén dispuestos a un lado, los cordones 3 y 4 estén rectos en el centro y los cordones 2 y 5 estén en medio.

Paso 14 - Usando las cuerdas 2 y 5 atar dos nudos cuadrados alrededor de las cuerdas 3 y 4.

Paso 15 - Separar las cuerdas en dos juegos de tres. Enhebrar un cordón de hematita de 8 mm en la cuerda 1. Usando las cuerdas 1 y 3 haz un nudo cuadrado alrededor de la cuerda 2.

Paso 16 - Repita el paso 15 usando el segundo juego de tres cuerdas. La cuenta se enhebra en la cuerda 6 y luego las cuerdas 4 y 6 se utilizan para hacer un nudo cuadrado alrededor de la cuerda 5.

Los pasos del 11 al 16 forman el patrón de los brazaletes.

Paso 17 - Repita los pasos 11 - 16 una vez, para que haya

cuatro filas de cuentas.

Paso 18 - Usar las cuerdas 1 y 6 para hacer un nudo cuadrado alrededor de las cuatro cuerdas restantes.

Paso 19 - Cortar con cuidado el resto de las cuerdas 2 y 5 dejando una cola de 3mm. Calienta suavemente los extremos para que se derritan ligeramente. Presiona este extremo fundido contra los dos cordones centrales restantes (cordones 3 y 4). Tómate tu tiempo para completar este paso para no dañar ninguno de los otros cables.

El extremo derretido del cordón de la cola de rata se calienta bastante y puede pegarse a la piel, así que lo mejor es usar la punta de las tijeras o una aguja para completar este paso.

Paso 20 - Ata otro nudo cuadrado directamente debajo del

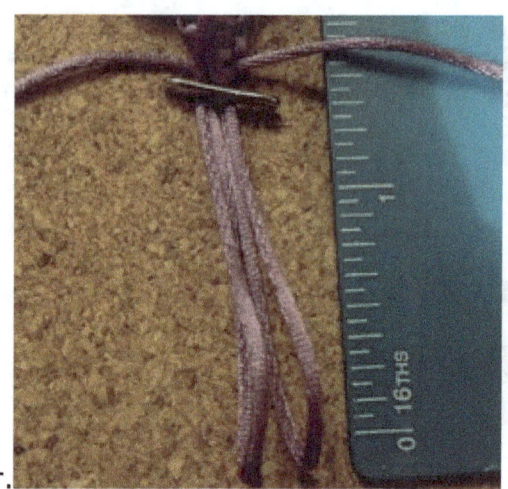

nudo anterior.

Paso 21 - Mide 1. 5 pulgadas y dobla los cordones centrales de la cola de rata por la mitad.

Paso 22 - Sujetar los cordones centrales entre dos dedos en el punto donde se encuentran los nudos cuadrados y recortar el exceso de cordón. Calienta suavemente los bordes para evitar que se deshilachen.

Paso 23 - Ata un nudo cuadrado alrededor de las cuerdas dobladas para mantenerlas en su lugar.

Esto crea un lazo que se convertirá en parte del cierre del brazalete.

Aprieta este nudo.

Paso 24 - Continuar atando nudos cuadrados hasta que sólo quede 1 cm de lazo.

Este bucle necesita ser dimensionado para que se ajuste bien a la cuenta del disco. Pruebe con su cuenta y ajuste según sea necesario antes de pasar al paso 25.

Paso 25 - Cortar el exceso de cuerdas dejando una cola de 3mm. Caliente suavemente los extremos para que se derritan ligeramente. Presiona este extremo derretido contra el último nudo cuadrado. Tenga cuidado de completar este paso para no dañar ninguno de los otros cables.

El extremo derretido del cordón de la cola de rata se calienta bastante y puede pegarse a la piel, así que lo mejor es usar la punta de las tijeras o una aguja para completar este paso.

Paso 26 - Repita los pasos 8 y 9 para fijar los tres 20 largos de cuerda de cola de rata al lado opuesto del atrapa sueños.

Ten cuidado de formar el nudo de la cabeza de la alondra como lo hiciste en el otro lado.

Paso 27- Repita los pasos 10 y 16 para crear una sección de cuentas de hematita que coincida con la ya creada.

Paso 28 - Usar las cuerdas 1 y 6 para hacer un nudo cuadrado alrededor de las cuatro cuerdas restantes.

Paso 29 - Cortar con cuidado el resto de las cuerdas 2 y 5 dejando una cola de 3mm. Caliente suavemente los extremos para que se derritan ligeramente. Presiona este extremo fundido contra los dos cordones centrales restantes (cordones 3 y 4). Tenga cuidado de completar este paso para no dañar ninguno de los otros cables.

El extremo derretido del cordón de la cola de rata se calienta bastante y puede pegarse a la piel, así que lo mejor es usar la punta de las tijeras o una aguja para completar este paso.

Paso 30 - Ata otro nudo cuadrado directamente debajo del nudo anterior.

Paso 31 - Continuar atando nudos cuadrados hasta tener un estilo Sennett de 2cm de largo.

Paso 32 - Recortar el exceso de cuerdas de nudos dejando una cola de 3mm. Caliente suavemente los extremos para que se derritan ligeramente. Presiona este extremo fundido contra los dos cordones centrales restantes (cordones 3 y 4).

Tómese su tiempo para completar este paso para no dañar ninguno de los otros cables.

El extremo derretido del cordón de la cola de rata se calienta bastante y puede pegarse a la piel, así que lo mejor es usar la punta de las tijeras o una aguja para completar este paso.

Paso 33 - Ahora recorte uno de los cordones centrales de la misma manera que se describe en el paso 32.

Paso 34 - Enhebrar la cuenta del disco de hematita en el cordón central restante.

Paso 35 - Deje un espacio de 3mm entre el último nudo cuadrado y la cuenta, haz un nudo por encima de la mano para asegurarla en la cuerda.

Paso 36 - Recortar el cordón restante y derretir el extremo para evitar que se deshilache.

Brazaletes de Macramé I

Proyecto 4: Pulsera de macramé con cordón de cola de rata y cuentas de cristal

Este tutorial ofrece instrucciones paso a paso con fotos que muestran cómo crear una sencilla pulsera de macramé con cordón de cola de rata y cuentas de cristal. Este es un gran tutorial para principiantes ya que sólo requiere saber cómo hacer medio nudo para completarlo.

Los colores y las cuentas pueden ser sustituidos para adaptarse a los gustos personales.

Lista de materiales:

- 170cm de longitud de cuerda de cola de rata de 1mm
- 1 cuenta de disco de 10-12mm o botón con agujero central (el agujero debe ser de 1mm como mínimo)

- 10 cuentas de espaciador de vidrio negro de 6mm
- 3 cuentas de cristal con patrón de 6 mm de espaciador

Lista de Herramientas:

- Tablero y alfileres de macramé (opcional)
- Regla
- Tijeras
- Encendedor

Paso 1 - Dobla los primeros 5 cm del largo más corto de la cuerda y ponla delante de

ti. Estos son los cordones centrales.

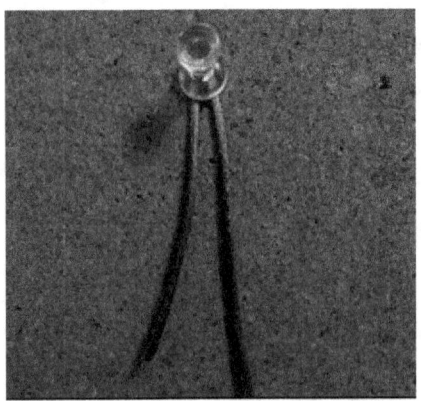

Paso 2 - Doblar el cordón más largo por la mitad y colocar el punto central debajo de ambos cordones.

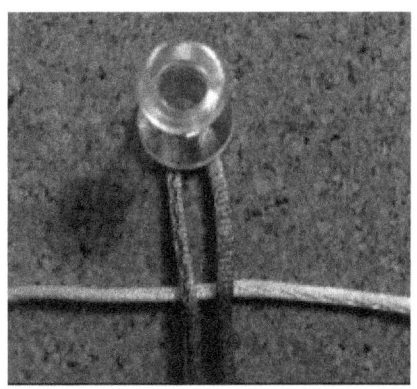

Paso 3 - Empezando por el lado izquierdo, haz un medio nudo.

Paso 4 - Apretar el nudo completamente y posicionarlo para crear un lazo de 10mm en el extremo del cordón más corto. Este lazo formará parte del cierre de los brazaletes y necesita estar bien ajustado para que la cuenta del disco pueda pasar. Ajústalo como sea necesario para que se adapte a tu cuenta.

Paso 5 - Siempre empezando con la cuerda de nudos del lado izquierdo, continúe haciendo medio nudos hasta que tenga uno de 3,5 cm de largo. El patrón de espiral se puede ver formándose dentro de unos pocos nudos. Tira de los primeros nudos atados un poco más apretados de lo normal para mantener el bucle creado en el paso 1 de forma segura. La sección completa del brazalete, incluyendo el lazo debe medir aproximadamente 4,5 cm.

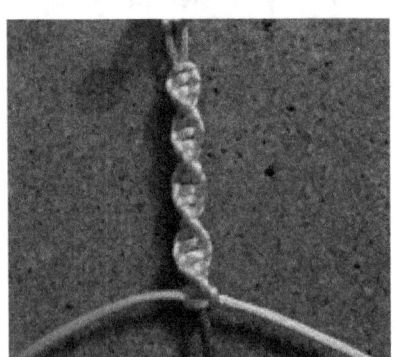

Paso 6 - Enhebrar una cuenta negra, una cuenta con patrón y una segunda cuenta negra en el cordón central y moverlas hasta el fondo de los nudos. Haz un medio nudo debajo de las cuentas para mantenerlas en su lugar. Este nudo no debería estar demasiado apretado. Las cuentas deben estar sentadas libremente con las cuerdas alrededor de ellas no aplastadas.

Paso 7 - Atar otros cuatro medios nudos.

Paso 8 - Repita el paso 6, esta vez añadiendo una cuenta blanca, una negra y luego una segunda cuenta negra. Ata cuatro medios nudos más.

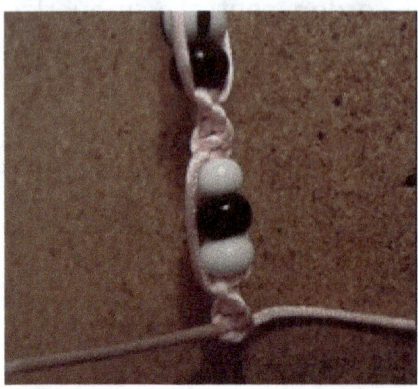

Paso 9 - Repita los pasos 6 y 8 hasta que todas las cuentas hayan sido añadidas a la pulsera.

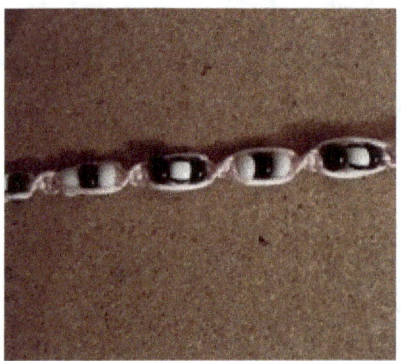

Paso 10 - Continuar atando medios nudos hasta tener un nudo francés tipo *Sennett* de 3,5 cm para que coincida con el del principio del brazalete.

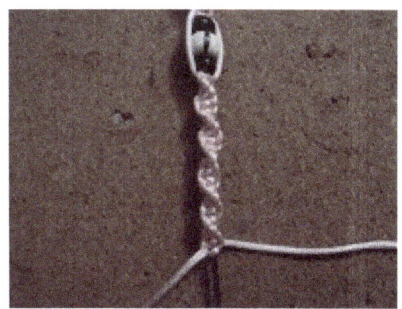

Paso 11 - Cortar el exceso de cuerdas de nudos dejando una cola de 3mm. Derretir suavemente esta cola usando el encendedor y fusionarlas hasta el nudo final.

El cordón de cola de rata derretido puede calentarse mucho y pegarse a la piel, por lo que es mejor usar la punta de las tijeras, una aguja o algo similar para llevar a cabo este paso.

Paso 12 - Enhebrar la cuenta del disco en el cordón central. Deje un espacio de 3mm entre el último nudo y la cuenta y haz un nudo de sobre mano para asegurar la cuenta. Recorta el exceso de la cuerda central y derrite suavemente el extremo para evitar que se deshilache.

Proyecto 5: Pulsera de Macramé roja y negra

Paso 1 - Dobla el cordón rojo más corto por la mitad y ponlo plano delante de ti. Estos son los cordones centrales del diseño.

Paso 2 - Doblar el cordón negro por la mitad y hacer un nudo cuadrado alrededor de los cordones centrales rojos.

Este nudo necesita ser posicionado de manera que cree un lazo que el botón de cuentas plano pueda atravesar con fuerza. Esto forma el cierre de los brazaletes.

Paso 3 - Doblar el cordón rojo más largo de cola de rata por la mitad y hacer un medio nudo alrededor de los cordones centrales rojos debajo del nudo cuadrado negro.

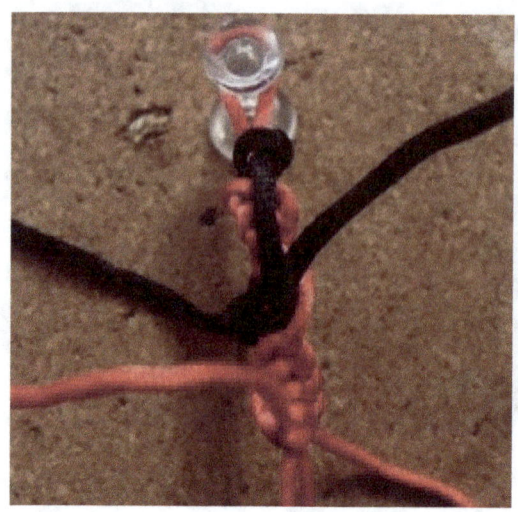

Paso 4 - Atar otros cuatro medios nudos siempre comenzando con la misma cuerda lateral para que los nudos comiencen a formar una espiral.

Paso 5 - Lleva las cuerdas negras sobre las rojas y haz un nudo cuadrado debajo de los medios nudos.

Paso 6 - Pasa los cordones rojos bajo el negro y ata cinco medios nudos.

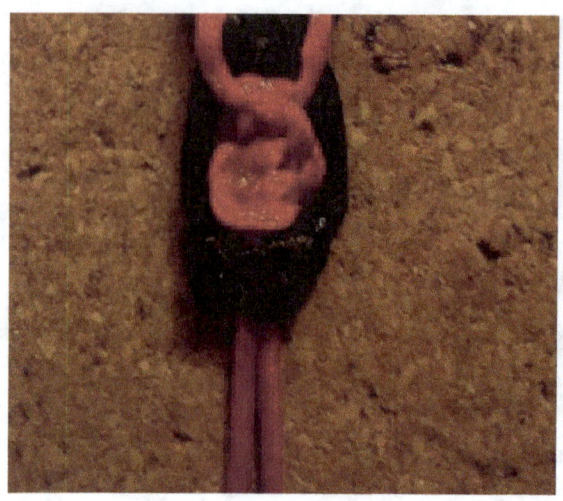

Paso 7 - Continúe de esta manera hasta que haya atado 18 cm de nudos.

Si tienes el brazalete fijado a una tabla o superficie sólida, el brazalete se torcerá a medida que se formen las espirales, por lo que te resultará más fácil desengancharlo y volver a fijarlo mientras trabajas. Los cordones negros deben ser planos, sólo los cordones de nudos rojos forman la espiral.

Paso 8 - Dale la vuelta al brazalete y recorta el exceso de cordones anudados dejando extremos de 3mm.

Paso 9 - El cordón de cola de rata calentado se calienta mucho y puede pegarse a la piel y quemarse, por lo que lo más seguro es realizar este paso utilizando una aguja o una punta de tijera para presionar el cordón de fusión.

Paso 10 - Enhebrar el botón de cuentas planas en las cuerdas centrales. Empújalo hasta los nudos y dejando un hueco de 3 mm haz un nudo a mano para asegurar la cuenta. Corta cualquier exceso de cordón y derrite suavemente los extremos para evitar que se deshilache.

Proyecto 6: Pulsera de Macramé de huesos de pescado

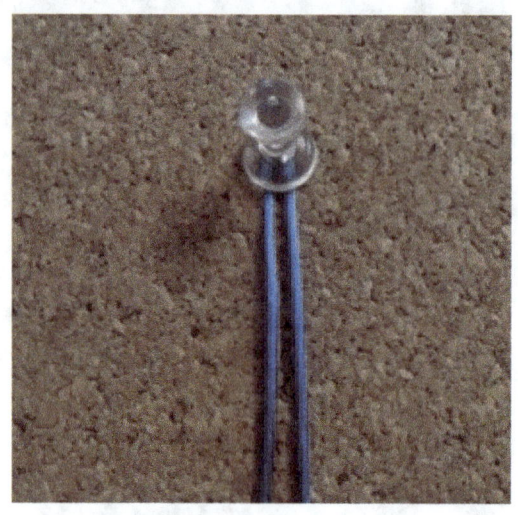

Paso 1 - Dobla el cordón azul más corto por la mitad y ponlo delante de ti.

Paso 2 - Doblar el cordón azul largo por la mitad y hacer un nudo cuadrado alrededor del cordón más corto.

Este nudo debe ser posicionado de manera que el lazo creado se ajuste bien para que la cuenta de botón encaje.

Paso 3 - Usa el cordón rojo para hacer un nudo cuadrado

debajo de la cuenta.

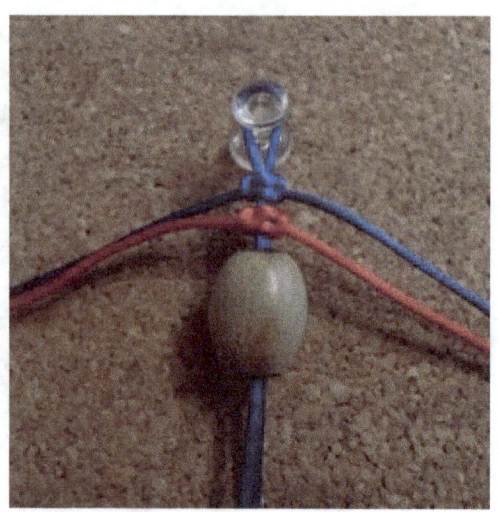

Paso 4 - Coloca el hilo en la primera cuenta.

Paso 5 - Lleva los cordones azules sobre el rojo y haz un nudo cuadrado debajo de la cuenta.

Paso 6 - Lleva los cordones rojos y haz un nudo cuadrado debajo del nudo azul.

Paso 7 - Coloca hilo en una segunda cuenta.

Paso 8 - Repita los pasos 5 y 6.

Paso 9 - Continuar de esta manera hasta que todas las cuentas hayan sido añadidas.

Paso 10 - Dejar una cola de 3mm cortando el resto de la cuerda de nudos de un lado. Usa el mechero para fundir los extremos y pegarlos en la parte posterior de los nudos.

Ten cuidado con el cordón de fusión ya que se calienta mucho y puede pegarse a tu piel y quemarse. Use una aguja o punta de tijera para presionar el cordón.

Paso 11 - Repita el paso 10 con las cuerdas restantes.

Paso 12 - Coloca hilo en el disco cuenta/botón. Deje un espacio de 3mm entre el nudo final y la cuenta y haz un nudo de sobre mano.

Corta cualquier exceso de cuerda y derrite los extremos para evitar que se deshilache.

Proyecto 7: Brazalete de Macramé Lado a Lado

Paso 1 - Calentar suavemente los extremos de cada cordón para facilitar el enhebrado de las cuentas y evitar que se deshilachen.

Dobla un cordón por la mitad y asegúralo a tu tabla de macramé (si la usas).

Paso 2 - Dobla un segundo cordón por la mitad y úsalo para hacer un nudo cuadrado alrededor de los cordones de la tabla de macramé.

Coloca este nudo para crear un pequeño lazo en el extremo del primer cordón. Este lazo debe ser de tamaño tal que la cuenta plana/botón encaje con un poco de presión.

Paso 3 - Doblar la longitud final de la cuerda por la mitad y usarla para hacer un nudo cuadrado debajo del nudo hecho en el paso 2.

Ahora debería tener seis cuerdas, agrupadas en tres juegos de dos.

Paso 4 - Reagrupar las cuerdas en dos juegos de tres.

Paso 5 - Trabajando con un juego de tres cuerdas, enhebrar una cuenta púrpura y una cuenta de plata en las cuerdas exteriores.

Paso 6 - Usando estos dos cordones externos, haz un nudo cuadrado alrededor del cordón central debajo de las cuentas.

Paso 7 - Enhebrar dos cuentas más en los cordones exteriores y colocarlas debajo de las dos ya añadidas al brazalete.

Haz un nudo cuadrado alrededor del cordón central debajo de las cuentas.

Paso 8 - Repita el paso 7 hasta que todas las cuentas púrpura y plata se hayan añadido a la pulsera.

Paso 9 - Volver al principio del brazalete. Pasa el cordón más cercano a la fila de cuentas de plata a través de la primera cuenta de plata.

Paso 10 - Enhebrar una perla de lila en el primer cordón del conjunto de tres. Este es el cordón más alejado de las cuentas.

Paso 11 - Coloca esta cuenta en línea con las cuentas ya añadidas al brazalete y haz un nudo cuadrado debajo de ella.

Paso 12 - Pasa el cordón a través de la segunda cuenta de plata. Añade una cuenta de lila al primer cordón y haz un nudo cuadrado debajo de él.

Paso 13 - Repita el paso 12 para añadir las cuentas de color lila a la pulsera.

Paso 14 - Separar las cuerdas en tres juegos de dos otra vez.

Paso 15 - Usar las cuatro cuerdas externas para atar dos nudos cuadrados alrededor de las dos cuerdas centrales.

Paso 16 - Dar la vuelta al brazalete y recortar los dos juegos de cordones exteriores, dejando una cola de 3mm.

Paso 17 - Derretir suavemente los extremos del cordón y fusionarlos con la parte posterior del nudo.Ten cuidado con este paso ya que el cordón de fusión está caliente y puede pegarse a tu piel. La punta de las tijeras se puede usar para presionarlo en el juego.

Paso 18 - Enhebrar el disco en los dos cordones restantes. Dejando un espacio de 2mm entre el último nudo cuadrado y la cuenta, haz un nudo por encima de la mano para asegurarla. Recorta cualquier exceso de cordón y calienta suavemente el extremo para evitar que se deshilache.

Brazaletes de Macramé II

Proyecto 8: Gargantilla cruzada

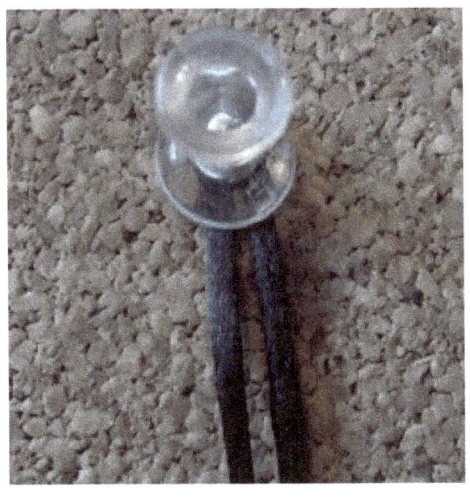

Paso 1 - Doblar las primeras 1.5 pulgadas si el largo más corto de la cuerda de cola de rata. Esto se usará para crear un lazo como parte del cierre de los brazaletes.

Paso 2 - Doblar la longitud más larga del cordón por la mitad. Coloca el punto central debajo del cordón más corto y haz un nudo cuadrado. Estos serán sus cuerdas de anudar. Este nudo necesita ser posicionado de manera que cree un lazo en el extremo del cordón más corto que la cuenta del disco puede atravesar con algo de presión. Si la cuenta se desliza con demasiada facilidad, existe la posibilidad de que el brazalete se suelte.

Paso 3 - Atar otros cinco nudos cuadrados.

Tira de cada nudo con fuerza ya que estos están manteniendo los dos largos de la cuerda juntos.

Paso 4 - Continúe atando nudos cuadrados hasta que tenga un *Sennett* de 5.5 pulgadas de largo.

Paso 5 - Enhebrar una cuenta de papel de plata en el cordón central.

Paso 6 - Trae las cuerdas de anudar alrededor de la cuenta y haz un nudo cuadrado.

Paso 7 - Ahora enhebra un amuleto en cruz y empújalo hasta el último nudo cuadrado. Debido a la posición del agujero, la cruz no quedará plana.

Paso 8 - Haz otro nudo cuadrado alrededor de la parte superior de la cruz.

Paso 9 - Continuar con los pasos 5 y 8 hasta que todas las cuentas y cruces hayan sido añadidas.

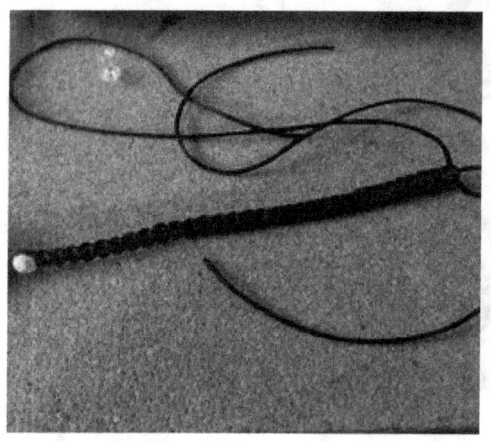

Paso 10 - Ahora atar otro *Sennett* de nudos cuadrados de 5.5 pulgadas de largo.

Paso 11 - Dejar un corte de cola de 3mm del exceso de cuerdas de anudar. Usando el mechero, derrite suavemente los extremos y los presiona sobre los nudos cuadrados.

Hay que tener cuidado con este paso ya que el cordón derretido puede calentarse mucho y pegarse a la piel y quemarse. Es mejor usar una aguja o la punta de la tijera para presionar el cordón.

Paso 12 - Enhebrar la cuenta del disco (o el botón) en el cordón restante.

Paso 13 - Dejando un hueco de 3mm, haz un nudo por encima de la cabeza para asegurar el abalorio.

Paso 14 - Cortar el exceso de cordón y calentar los extremos suavemente con el encendedor para sellar y evitar que se deshilache.

Proyecto 9: Pulseras con ondas de cuentas de Macramé

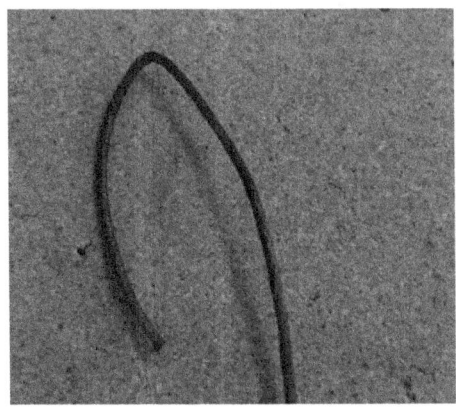

Paso 1 - Doblar las primeras 2 pulgadas de la longitud más corta del cordón del algodón encerado.

Paso 2 - Doblar uno de los largos del cordón encerado por la mitad. Coloca el punto medio debajo del cordón más corto y haz un nudo cuadrado alrededor de ambos cordones.

Coloca el nudo de manera que el bucle creado quede bien ajustado para que la cuenta/botón de 12mm pueda pasar.

Paso 3 - Doblar una segunda cuerda más larga por la mitad y hacer un nudo cuadrado como en el paso uno, dirigiéndolo bajo el nudo existente.

Paso 4 - Repita el paso 3 con la longitud final del cordón encerado. Apretar cada uno de estos nudos a medida que sujetan el cierre de los brazaletes y si se aflojan puede que se deshagan con el desgaste.

Paso 5 - Arregla los cordones de manera que estén dispuestos a los lados de tu cordón central. Lleve el primer par de cuerdas sobre las otras y haz un nudo cuadrado debajo del conjunto de tres nudos previamente atados.

Paso 6 - Repita el paso 5 usando el segundo par de cuerdas.

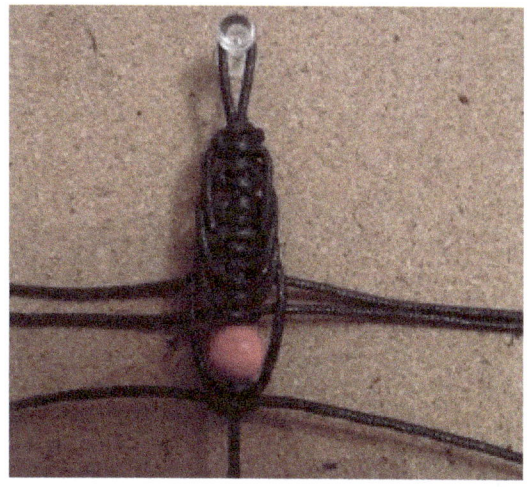

Paso 7 - Finalmente repita nuevamente el paso 5 con el tercer juego de cuerdas.

Paso 8 - Enhebrar una cuenta de 8mm en el cordón central. Lleva el primer juego de cuerdas sobre los otros y haz un nudo cuadrado debajo de la cuenta.

Paso 9 - Lleva el segundo juego de cuerdas sobre los otros y haz un nudo cuadrado debajo del nudo creado en el paso 8.

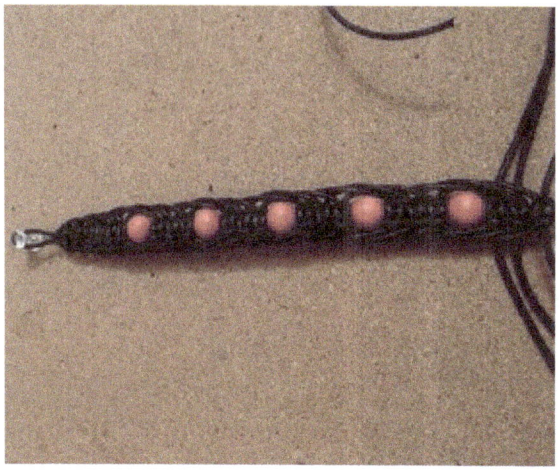

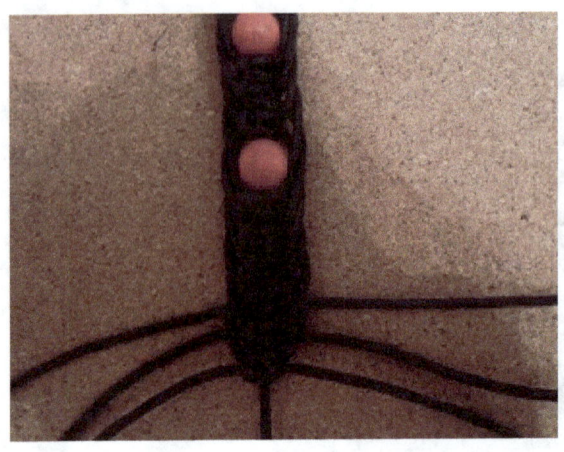

Paso 10 - Repita el paso 9 usando el tercer juego de cuerdas.

Paso 11 - Repita los pasos del 8 al 10 hasta que haya añadido los cinco abalorios a la pulsera. Tengan cuidado de llevar siempre los cordones uno encima del otro para mantener el patrón continuo.

La longitud del brazalete puede ajustarse añadiendo o quitando cuentas o atando nudos cuadrados al principio y al final del brazalete.

Paso 12 - Repite los pasos 5 y 7 para que tengas seis nudos cuadrados después de la quinta cuenta.

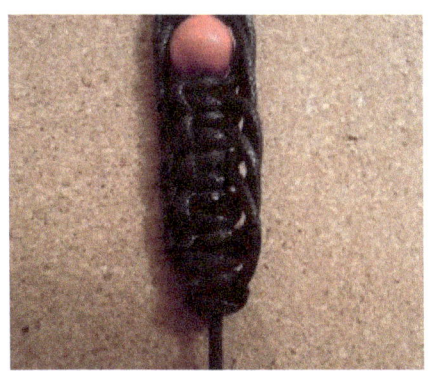

Paso 13 – Tire de las cuerdas para apretar los nudos finales y luego corte la cuerda restante.

Paso 14 – Cubrir los extremos del cordón y el área circulante con pegamento PVA y dejar que se seque.

Paso 15 – Enhebrar la cuenta de 12mm en el cordón central.

Proyecto 10: Pulsera de arcoíris de Macramé

Paso 1 - Dobla los primeros 3cm en el cordón más corto y fíjalo a tu tabla de macramé (si lo usas) o ponlo plano frente a ti.

Paso 2 - Doblar por la mitad la longitud más larga de la cuerda y hacer un nudo cuadrado alrededor de las cuerdas. Estas serán tus cuerdas de anudar.

Coloca el nudo de manera que el bucle creado tenga el tamaño adecuado para que el disco se ajuste a la cuenta/botón a través de él. Este lazo forma parte del cierre de los brazaletes y si es demasiado grande, el brazalete puede soltarse.

Paso 3 - Atar otro nudo de cuatro cuadrados.

Paso 4 - Recortar con mucho cuidado el corto cordón central.

Paso 5 - Ahora empieza a añadir cuentas a la pulsera. Para hacer esto, enhebrar una cuenta de hematita en el cordón central y una cuenta de arco iris en cada uno de los nudos (laterales) de los cordones.

Paso 6 - Ata un nudo cuadrado debajo de la cuenta del cubo y maniobra las cuentas en su lugar como lo haces.

Paso 7 - Continuar añadiendo cuentas de esta manera (pasos 5 y 6) hasta que todas se anuden en la pulsera.

Tenga cuidado de mantener las cuentas del arco iris en el mismo lugar. Así que, si las primeras cuentas tienen la raya roja primero, manténgalas así, ya que esto llevará a un acabado más limpio y fluido.

Paso 8 - Atar cuatro nudos cuadrados para tener cinco en total.

Paso 9 - Dar la vuelta al brazalete y recortar el exceso de cuerdas de anudar, dejando una cola de 3mm.

Paso 10 - Usando el encendedor, derretir suavemente los extremos del cordón y presionarlos contra la parte posterior del brazalete para sellarlo.

Ten cuidado con este paso ya que el cordón puede calentarse mucho y quemarse. La punta de las tijeras se puede usar para presionar los extremos hacia abajo.

Paso 11 - Enhebrar el disco en el cordón central. Deje un espacio de 3mm entre la cuenta y los nudos cuadrados y haz un nudo a mano para asegurar.

Paso 12 - Usa el encendedor para fundir suavemente los extremos del cordón y fusionarlos hasta el último nudo cuadrado.

Ten cuidado al completar este paso ya que el cordón se calentará y puede pegarse a tu palo y quemarse. Use las tijeras o una aguja para presionar las cuerdas.

Proyecto 11: Pulsera de media cuentas de Macramé

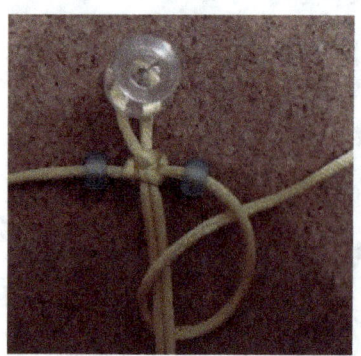

Paso 1 - Derretir suavemente los extremos de la cuerda de la cola de rata. Esto deja de deshilacharse y hace más fácil enhebrar las cuentas.

Dobla la mitad de la longitud de 20 pulgadas de la cola de rata y ponla plana delante de ti. Estas serán sus cuerdas centrales.

Paso 2 - Doblar el largo del cordón por la mitad y colocar el punto central debajo del cordón más corto. Estos serán sus cordones de anudar.

Paso 3 - Hacer un nudo cuadrado de 1cm en la parte superior del lazo de la cuerda.

Este nudo necesita ser colocado de manera que la cuenta plana encaje a través del lazo pero que quede bien ajustada

Paso 4 - Enhebrar una cuenta azul capri escarchada en cada uno de los cordones de nudos amarillos y empujarlos hasta el nudo cuadrado atado en el paso 3.

Paso 5 - Usando la cuerda del lado derecho, haz un medio nudo de enganche y tira fuerte.

Paso 6 - Ahora usa la cuerda del lado izquierdo para hacer un medio nudo de enganche debajo del primero.

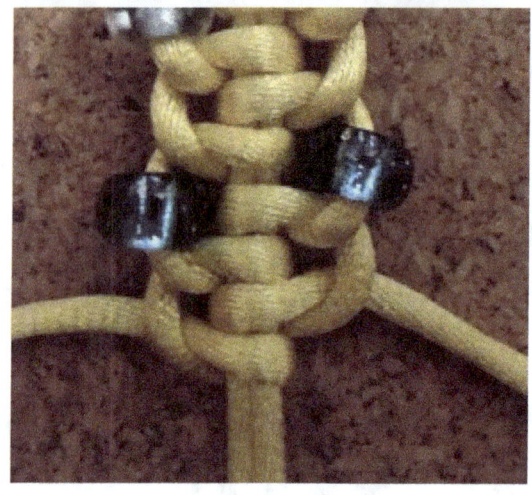

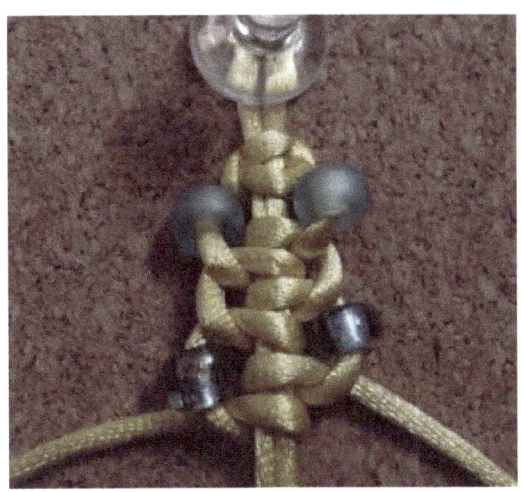

Paso 7 - Atar un medio nudo de enganche con cada cuerda empezando por el lado derecho.

Paso 8 - Enhebrar una cuenta forrada de azul en cada cuerda.

Paso 9 - Atar un conjunto de medio nudos de enganche, primero con la cuerda derecha y luego con la izquierda.

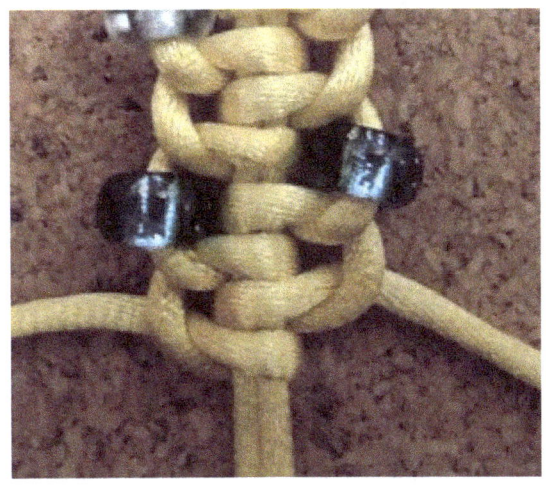

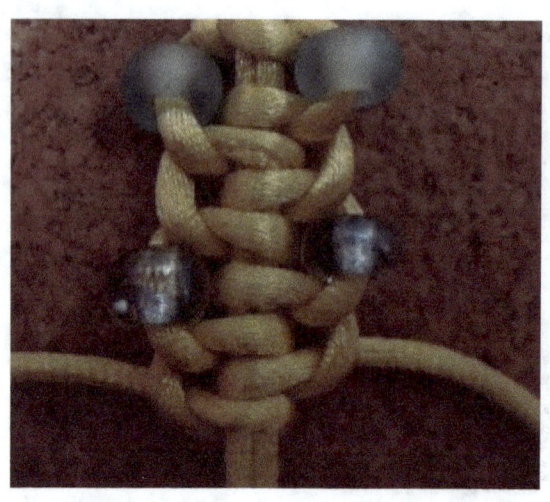

Paso 10 - Atar un medio nudo de enganche con cada cuerda empezando por el lado derecho.

Paso 11 - Repita el paso 8 y 10, esta vez usando las cuentas de zafiro forradas de plata.

Paso 12 - Finalmente repita los pasos 8 - 10 usando las cuentas de azul oscuro esmeriladas.

Continúe agregando cuentas de esta manera hasta que todas las cuentas hayan sido agregadas. El brazalete medirá aproximadamente 7.5 pulgadas de largo.

Orden de las cuentas: Azul cobalto escarchado, azul forrado, zafiro forrado de plata y luego azul oscuro escarchado.

Paso 13 - Recortar los dos cordones de nudos dejando un extremo de 3mm.

Usando el mechero, derrite suavemente los extremos del cordón y los fusiona con la parte posterior del brazalete.

No pongas el cordón en la llama o se quemará y descolorará, sólo mantenlo cerca. El cordón derretido está muy caliente y puede pegarse a la piel quemándose, por lo que es más seguro usar una aguja, una punta de tijera o algo así para presionar el brazalete.

Paso 14 - Enhebrar la cuenta plana en los dos cordones centrales y dejar un espacio de 3mm entre la cuenta y el último medio nudo de enganche, asegurarlo con un nudo por encima de la mano.

Corta el exceso de cordones centrales y derrite el extremo para evitar que se deshilache.

Brazaletes de Macramé III

Proyecto 12: Pulsera dela serenidad

(Nota: si estás familiarizado con el nudo plano, puedes pasar directamente al siguiente patrón)

Este brazalete de novato ofrece mucha práctica usando uno de los nudos más usados del micro macramé. También ganará experiencia en el bordado y la igualación de la tensión. Este brazalete tiene un cierre de botón y la longitud final es de 7 pulgadas.

Nudos usados:

- Nudo plano (también conocido como nudo cuadrado)
- Nudo simple

Herramientas:

- 3 Cordones blancos tipo *C-Lon*, 6 ½ pies
- 18 cuentas púrpura escarchado tamaño 6

- 36 Cuentas de semillas púrpura, tamaño 11
- 1 Cuenta focal púrpura y blanca de 1cm
- 26 cuentas púrpura oscuro tamaño 6
- 1 Cuenta de cierre de botón púrpura de 5mm

(Nota: la cuenta de botón debe poder encajar en los 6 cordones)

Instrucciones:

Toma los 3 cordones y dóblelos por la mitad. Encuentre el centro y el lugar en su superficie de trabajo como se muestra:

Ahora sostén las cuerdas y haz un nudo por encima de la mano, suelto, en el punto central. Debería verse así:

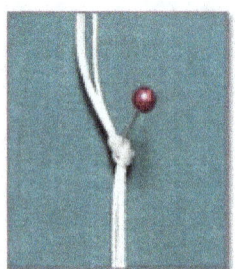

1. Ahora haremos un cierre de ojal. Justo debajo del nudo,

toma cada cuerda exterior y haz un nudo plano (también conocido como nudo cuadrado). Continúe haciendo nudos planos hasta que tenga unos 2 ½ cm. 2.

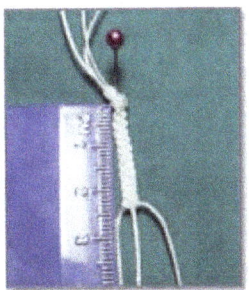

2. Deshaz el nudo de la mano y pon los extremos juntos en forma de herradura.

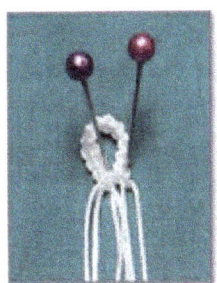

3. Ahora tenemos las 6 cuerdas juntas. Piensa en los cordones como enumerados del 1 al 6 de izquierda a derecha. Las cuerdas 2 y 5 se quedarán en el medio como cuerdas de relleno. Encuentra las cuerdas 1 y 6 y úsalas para hacer nudos planos alrededor de las cuerdas de relleno. (Nota: ahora puedes pasar tu abalorio por la abertura para asegurar un buen ajuste. Añada o reste nudos planos según sea necesario para crear un ajuste perfecto. Este tamaño debería estar bien

para una cuenta de 5mm). Continúa haciendo nudos planos hasta que tengas 4cm de longitud (para aumentar la longitud del brazalete, agregue más nudos planos aquí, y la cantidad igual en el paso 10).

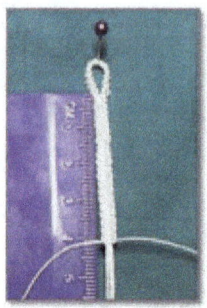

4. Separar las cuerdas 1, 4, y 1. Encuentra los dos cordones del centro. Enhebra una cuenta púrpura escarchada de tamaño 6 en ellos, luego haz un nudo plano con las cuerdas 2 y 5.

5. Ahora trabajaremos con las cuerdas 1 y 6. Con la cuerda 1, hilo en una cuenta de semillas, una cuenta de tamaño 6 de color púrpura oscuro y otra cuenta de semillas. Repita con la cuerda 6, luego separe las cuerdas en 3-3. Haz un nudo plano con las tres cuerdas de la izquierda. Haz un nudo plano con

las tres cuerdas de la derecha.

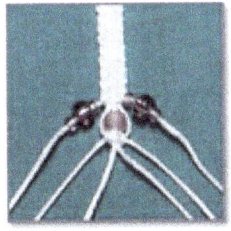 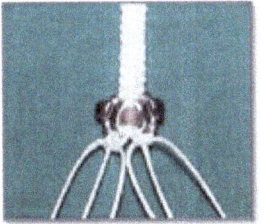

6. Repita los pasos 4 y 5 tres veces.

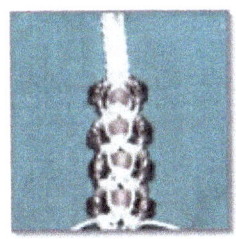

7. Encuentra los dos cordones centrales, sujétalos y enróscalos en la cuenta focal de 1 cm. Saca los siguientes cordones (2 y 5) y haz la siguiente cuenta: 2 cuentas de púrpura oscuro de tamaño 6, una cuenta de púrpura escarchado, 2 cuentas de púrpura oscuro. Encuentra las cuerdas 1 y 6 y la cuenta como sigue: 2 cuentas púrpura escarchadas, una cuenta de semillas, una cuenta púrpura oscura, una cuenta de semillas, 2 cuentas púrpura escarchadas.

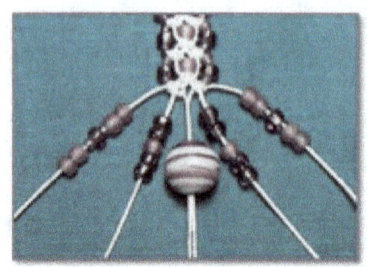

8. Con las cuerdas 2 y 5, haz un nudo plano alrededor de las 2 cuerdas centrales. Coloca las 4 cuerdas centrales juntas y haz un nudo plano alrededor de ellas con las cuerdas externas 1 y 6.

9. Repite los pasos 4 y 5 cuatro veces.

10. Repite el paso 3.

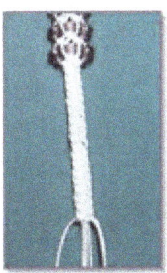

11. Ponga su abotonadura en los 6 cordones y haz un nudo a mano contra la abotonadura. Pega bien y corta las cuerdas.

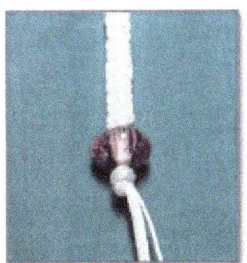

Proyecto 13: Brazalete linterna

Este patrón puede parecer simple, pero por favor no lo intente si tiene prisa. Requiere de paciencia. No se preocupe porque sus nudos de picotón tengan exactamente la misma forma. ¡Diviértete con ello! El brazalete terminado tiene 7¼ pulgadas de longitud. Si lo desea, puedes añadir un nudo picot y uno en espiral a cada lado de la pieza central para alargarla. Este patrón tiene un cierre de anillo de salto.

Nudos usados:

- Nudo cabeza de alondra
- Nudo Espiral
- Nudo Picot
- Nudo simple

Herramientas:

- 3 hebras de cordón *C-Lon* (2 marrón claro y 1 marrón medio) de 63 pulgadas de longitud
- Sujetadores (1 anillo de salto, 1 anillo de resorte o broche de langosta)
- Pegamento - *Beacon 527* multi-uso
- 8 pequeñas cuentas (alrededor de 4mm) de color ámbar a oro
- 30 cuentas de semillas de oro
- 3 cuentas (alrededor de 6mm) de color ámbar (las mías son rectangulares, pero redondas u ovaladas funcionarán maravillosamente también
- Nota: El tamaño de las cuentas puede variar ligeramente. Asegúrate de que todas las cuentas que elijas se deslicen en 2 cuerdas (excepto las cuentas de semillas).

Instrucciones:

1. Encuentra el centro de tu cuerda y únela al anillo de salto con un nudo de cabeza de alondra. Repita con las dos hebras restantes. Si quieres el efecto de 2 tonos, asegúrate de que tu segundo color NO esté colocado en el centro, o sólo será un cordón de relleno y acabarás con un brazalete de 1 tono.

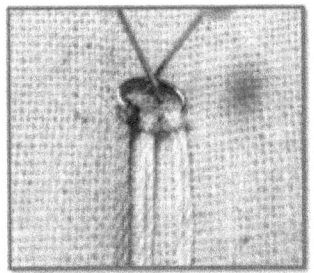

2. Ahora tienes 6 cuerdas para trabajar. Piensa en ellos como numerados del 1 al 6, de izquierda a derecha. Separa las cuerdas 1 y 6 del resto. Usarás esto para hacer el nudo en espiral. Todos los demás son cordones de relleno. Toma la cuerda número 1, haz un nudo en espiral. Empieza siempre con el cordón izquierdo. Ata 7 espirales más.

3. Coloca una cuenta de 4mm en el centro de 2 cuerdas. Deje las cuerdas 1 y 6 por ahora y haz un nudo plano con las cuerdas 2 y 5.

4. Ahora pon las cuerdas 2 y 5 juntas con las hebras centrales. Usa el 1 y el 6 para hacer un nudo plano de picotón. Si no te gusta el aspecto de tu nudo, afloja y vuelve a intentarlo. Tira suavemente de los cordones en su lugar y luego cierre con el siguiente nudo en espiral.

 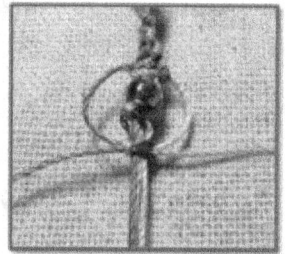

Fíjese aquí cómo estoy sosteniendo el nudo del picotón con los pulgares mientras que aprieto las cuerdas con los dedos. Si miras de cerca, podrás ver que tengo un cordón en cada mano.

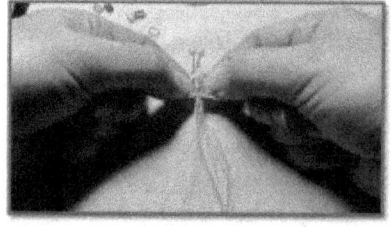

5. Ata 8 nudos en espiral (usando el cordón izquierdo en todo el patrón).

6. Coloca una cuenta de 4mm en el centro de 2 cuerdas. Deje las cuerdas 1 y 6 por ahora y haz un nudo plano con las cuerdas 2 y 5. Ahora pon las cuerdas 2 y 5 juntas con las hebras centrales. Usa los hilos 1 y 6 para hacer un nudo plano picot.

7. Repita los pasos 5 y 6 hasta que tenga 5 juegos de espirales.

8. A continuación coloque 5 cuentas de semillas en las cuerdas 1 y 6. Ponga las cuerdas 3 y 4 juntas y ensarte en una cuenta de 6mm. Haz un nudo plano con las cuerdas más externas.

Repite este paso dos veces más.

Ahora repita los pasos 5 y 6 hasta que tenga 5 conjuntos de espirales desde el punto central. Coloca hilo en el cierre. Haz un nudo simple con cada cuerda y pégala bien. Deja que se seque completamente. Como éste es el punto más débil del diseño, aconsejo recortar el exceso de cordones y volver a pegar. Deja que se seque.

Proyecto 14: Gargantilla celta

Los lazos elegantes permiten que las cuentas de esmeralda y

plata se destaquen, haciendo de esta una pieza llamativa. La longitud final es de 12 pulgadas. Asegúrate de usar el cierre de cinta que da múltiples opciones de longitud al cierre.

Nudos usados:

- Nudo cabeza de alondra
- Nudo de cabeza de alondra alternado

Herramientas:

- 3 hebras de cordón negro *C-Lon*; dos cordones de 7 pies y uno de 4 pies
- 18 cuentas verdes (4mm)
- 7 Cuentas redondas de plata (10mm)
- Sujetadores: cierres de cinta, plata
- Pegamento - Faro 527 multiuso

Nota: el tamaño de las cuentas puede variar ligeramente. Sólo asegúrate de que todas las cuentas que elijas se deslicen en 2 cuerdas.

Instrucciones:

1. Opcional - Encuentra el centro de tu cordón y únelo a la parte superior del cierre de la cinta con un nudo de cabeza de alondra. Me pareció más fácil enhebrar los cabos sueltos y tirar de ellos hacia abajo hasta que mi lazo estuviera cerca de la abertura, y luego empujar los cordones a través del lazo. Repite con los dos hilos restantes, poniendo el cordón de cuatro pies en el centro. Si esto es problemático, podrías cortar todos los cordones a 7 pies y no preocuparte por la

colocación. (Si realmente confías en tu pegamento, puedes saltarte este paso pegando los cordones en el cierre y seguir desde ahí).

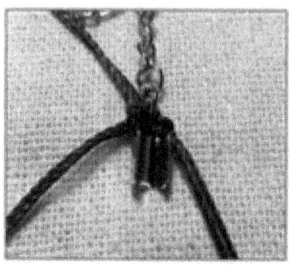

2. Ponga todas las cuerdas en el cierre de la cinta. Añade una generosa cantidad de pegamento y usa unos alicates para cerrar el cierre.

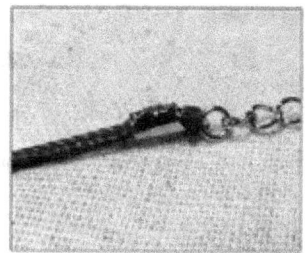

3. Ahora tienes 6 cuerdas para trabajar. Encuentra las cuerdas de 1 metro y colócalas en el centro. Serán los cordones de sujeción (o de relleno) de todo el conjunto.

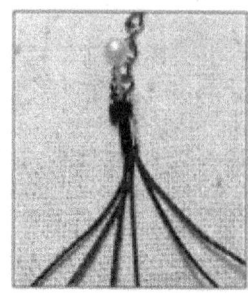

4. Comienza la cadena de la Cabeza de Alondra Alternativa (ALH), usando el cordón derecho más exterior y luego el cordón izquierdo más exterior. Sigue con el otro cordón derecho y luego el último cordón izquierdo. Para este primer conjunto, el patrón será difícil de ver. Puede que tengas que tirar suavemente de las cuerdas para que se aflojen un poco.

5. Ahora desliza una cuenta de plata en los dos cordones centrales.

6. Las cuerdas externas están ahora escalonadas en sus cuerdas de sujeción. Continúe con la cadena ALH haciendo un nudo con el cordón superior derecho…y luego hacer un nudo con el cordón superior izquierdo.

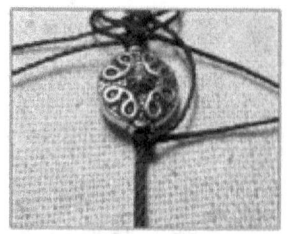

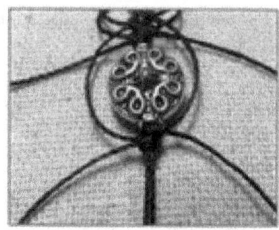

7. Termina tu conjunto de 4 nudos, luego agrega una cuenta verde.

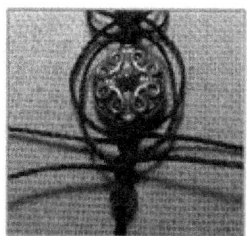

8. Ata cuatro nudos de ALH seguidos de una cuenta verde hasta que tengas 3 cuentas verdes en el patrón. Luego atar un juego más de 4 nudos ALH.

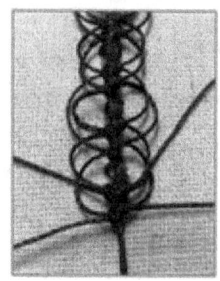

9. Deslízate en una cuenta de plata y continúa creando secuencias de 3 verdes, 1 plateado (siempre con 4 nudos ALH entre cada una). Termina con la séptima cuenta de plata y un juego más de 4 nudos ALH, para un collar de 12 pulgadas.

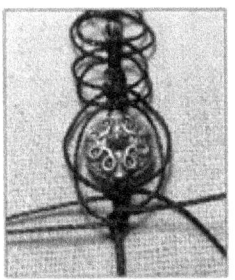

10. Ponga todos los cordones en el cierre de la cinta y péguelos bien.

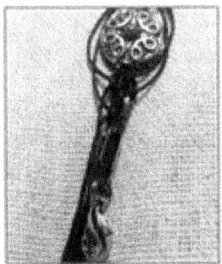

11. Cierre el cierre y déjelos secar completamente. Recorta el exceso de cuerdas.

Brazaletes Macramé IV

Proyecto 15: Llavero tipo escalada

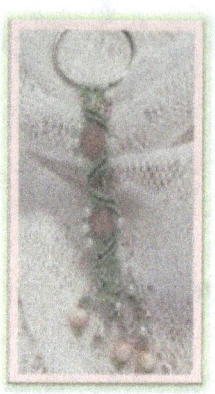

Este patrón es una forma divertida de practicar el nudo de doble medio enganche diagonal. Funciona rápidamente y es una pieza divertida para trabajar en varios colores. Sólo asegúrate de usar suficientes cuentas en el trabajo de los bordes para que pesen los hilos.

Nudos usados:

- Nudo cabeza de alondra
- Nudo plano
- Nudo diagonal de medio enganche.

Suplementos:

- Mide 3 cordones de Peridoto *C-Lon*, 30 pulgadas cada uno
- 1 Llavero
- 2 cuentas (5mm)
- 8 cuentas de semillas rosadas (extra para los extremos)
- 4 cuentas de semillas de oro (extra para los extremos)
- 12 cuentas de semillas verdes (extra para los extremos)
- 8 cuentas de perlas de 3mm (extra para los extremos). Las cuentas de perlas de semillas funcionarán también.
- Pegamento - *Beacon 527* multi-uso

Nota: Puedes variar ligeramente el tamaño de las cuentas. Sólo asegúrate de que 2 cuerdas caben a través de las 2 cuentas principales (las cuentas de 5mm)

Instrucciones:

1. Dobla cada cuerda por la mitad y usa un nudo de cabeza de alondra para unirla al llavero. Asegúrense en su superficie de trabajo con alfileres rectos. Ahora tienes 6 cuerdas para trabajar.

2. Separa las cuerdas en 3 y 3. Usando las tres cuerdas de la izquierda, haz dos nudos planos. Repita con las tres cuerdas de la derecha.

3. Ponga las seis cuerdas juntas y piense en ellas como numeradas del 1 al 6, de izquierda a derecha. Sáltese el cordón 1 y coloque una cuenta de semillas rosadas en el cordón 2. Sáltese el cordón 3 y coloque 2 cuentas de semillas de oro en el cordón 4. Sáltese el cordón 5 y ponga 3 cuentas de semillas rosadas en el cordón 6.

4. Usando la cuerda 1 como cuerda de sujeción, atar una hilera de nudos de doble medio enganche diagonal (DDHH) empezando por la izquierda y terminando por la derecha. Usando la cuerda 1 de la izquierda, muévela a la derecha como cuerda de sujeción y haz nudos de DDHH a la derecha.

5. Ponga las seis cuerdas juntas. Coloca 7 cuentas pequeñas en el cordón 1. Sáltate la cuerda 2 y ensarta tu cuenta focal en las cuerdas 3 y 4. Sáltate la cuerda 5 y pon 3 cuentas pequeñas en la cuerda 6.

6. Usa la cuerda 6 como cuerda de sujeción y haz una fila de nudos de DDHH de derecha a izquierda. Repite una vez más.

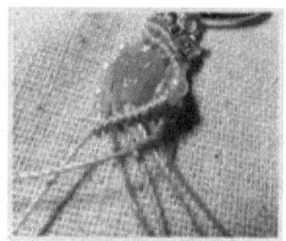

7. Repite el bordón desde el paso 3.

8. Repita una fila de nudos dobles de medio enganche en diagonal desde el paso 4 (de izquierda a derecha) dos veces.

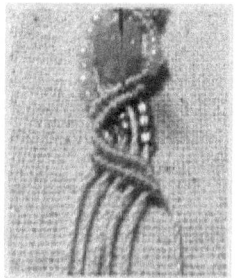

9. Colocar las cuentas como se indica en el paso 5.

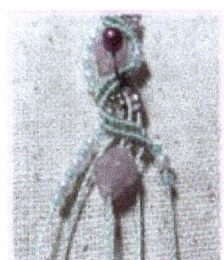

10. Repita una fila de nudos de DDHH como está escrito en el paso 6 (de derecha a izquierda) dos veces.

11. Cuerdas separadas en 3 y 3. El nudo del piso del empate 1 con la izquierda 3 cuerdas y 2 piso ata con las 3 cuerdas correctas.

12. Separar las cuerdas separadas en 1 – 4 – 1 y nudo del piso del empate 1 con el centro 4 cuerdas sólo, dejando a cuerdas 1 y 6 flotador.

13. Cuerdas separadas en 3 y 3. Nudo del piso del empate 1 con cada sección.

14. Repetir el paso 12.

15. Las cuentas terminan con cuentas de varios tamaños. Asegúrate de que hay suficiente peso para sostener los extremos hacia abajo. Haz un nudo a mano con cada cuerda y pégala bien. Deje secar completamente y recorte los cordones.

Proyecto 16: Pulsera de filigrana de lacado

Pongámoslo todo junto. Este último proyecto utiliza muchos de los nudos aprendidos en las composiciones anteriores. El nudo de la mano, el nudo plano, el nudo de cabeza de alondra alternado y el nudo de doble medio enganche diagonal están todos en juego aquí.

Este "cordón"; encaja en la definición misma de filigrana, ya que es delicado y extravagante. Espero que disfruten de este diseño abierto y ligero. La longitud final es de 7 1/2 pulgadas e incluye un botón de cierre.

Nudos usados:

- Nudo Simple
- Nudo diagonal de medio enganche
- Nudo plano
- Nudo cabeza de alondra alternado

Herramientas:

- 4 hilos cordón blanco *C-Lon* de 66 pulgadas de longitud
- 6 cuentas transparente de 5mm
- 56 cuentas transparentes de 3mm
- 5 cuentas transparentes de 4mm
- 1 cuenta para cierre de botón de unos 7mm
- 164 cuentas de semillas transparentes
- Pegamento - *Beacon 527* multi-uso

Nota: Puedes variar ligeramente el tamaño de las cuentas. Sólo asegúrate de que las cuentas que elijas se deslicen en 2, y a veces 3 cuerdas. (Las cuentas de semillas sólo necesitan caber en un cordón).

Instrucciones:

1. Encuentra el centro de las cuerdas y haz un ligero nudo. Ponga esto en la pizarra del proyecto. Ata unos 9 nudos planos (para la cuenta de cierre del botón de 7 mm). Ahora deshaz el nudo de la mano y dobla los nudos planos en forma de herradura. Usando el cordón exterior de cada lado, haz un nudo plano.

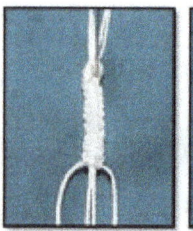 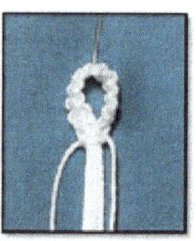

2. Toma el cordón más a la derecha y colóquelo sobre todos los demás a la izquierda para hacer nudos de medio enganche diagonal (DDHH) de derecha a izquierda. Pon una cuenta de semillas claras en cada cuerda, y luego ata otro conjunto de nudos de DDHH de derecha a izquierda.

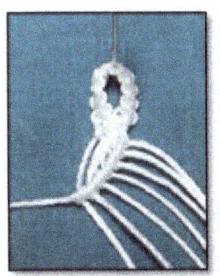 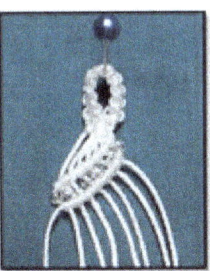

3. Separa las cuerdas en 4-4. Trabajando con la cuenta izquierda de 4 cordones de la siguiente manera: en la parte más izquierda, el cordón pone 4 cuentas claras de 3mm con una cuenta de semillas entre cada una. El siguiente cordón de entrada tiene 5 cuentas de semillas claras. El siguiente cordón necesita una cuenta transparente de 5mm. Y el último cordón de esta sección tiene 5 cuentas de semillas claras. Usa las dos cuerdas externas para hacer un nudo plano alrededor de las cuerdas internas.

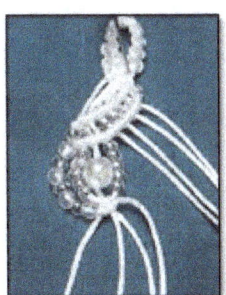

4. Trabajando con los 4 cordones de la derecha: Coloca una cuenta transparente de 3mm en los 2 cordones del centro. Coloca una cuenta de semillas en el cordón más derecho. Ahora usa esta cuerda derecha para hacer un nudo de cabeza

de alondra alrededor de las otras 3 cuerdas. Repite 4 veces.

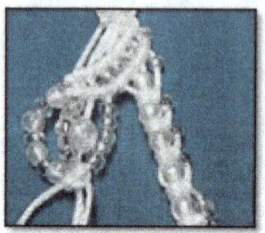

5. Usando el cordón más izquierdo como cuerda de sujeción, haz nudos de DDHH de izquierda a derecha. Coloca una cuenta de semillas en cada cuerda y luego haz otro conjunto de nudos de DDHH (de izquierda a derecha de nuevo) usando la cuerda más izquierda como cuerda de sujeción.

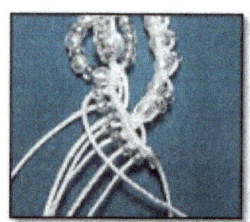 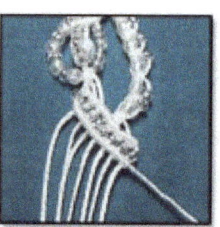

6. Separa las cuerdas en 4-4. Trabajando con los 4 cordones de la izquierda: Coloca una cuenta transparente de 3mm en los 2 cordones del centro. Coloca una cuenta de semillas en el cordón más a la izquierda. Ahora usa este cordón izquierdo para hacer un nudo ALH alrededor de los otros 3 cordones. Repite 4 veces.

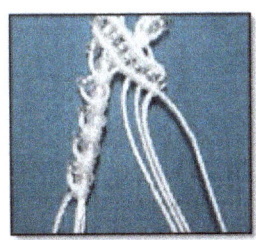

7. Trabajando con 4 cordones correctos: el cordón más derecho obtiene 4 cuentas claras de 3mm con una cuenta de semillas entre cada una. El siguiente cordón de la derecha necesita 5 cuentas de semillas. El siguiente cordón tiene una cuenta clara de 5mm. Y el último cordón de esta sección tiene 5 cuentas de semillas. Usa las dos cuerdas externas para hacer un nudo plano alrededor de las cuerdas internas.

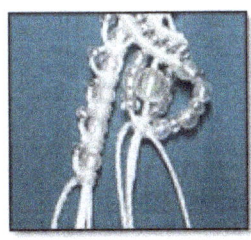

8. Repita los pasos 2-7 para el patrón hasta que tenga unas 6 1/2 pulgadas de longitud.

9. Separa las cuerdas en 3-2-3. En el juego de cuerdas de la izquierda, coloque una cuenta de 4mm. Con el centro 2 cuerdas enhebradas en una cuenta de 3mm, una de 4mm y otra de 3mm. A la derecha 3 cuerdas colocan tres cuentas de 4mm. Encuentra el cordón más externo de cada lado y haz un nudo plano alrededor del resto.

10. Enrosca la cuenta del botón en los 4 o 6 cordones centrales si es posible. Usa las cuerdas exteriores para hacer un nudo plano. Pegue el nudo plano y déjelo secar. Recorta el exceso de cuerdas.

Patrones de Macramé: Artículos de moda

Proyecto 17: Bolsos de mano con rayas

Este bolso muestra nudos picots con los lados de la solapa. Se crea una raya simétrica usando un segundo color y cambiando entre los nudos cuadrados de la derecha y la izquierda. Es un proyecto de Macramé extremadamente fácil, apropiado para un principiante. Debes tener alguna práctica de atar nudos cuadrados tanto a la izquierda como a la derecha, pero todos se explican como parte de las instrucciones. Las dimensiones del bolso de mano con rayas terminado son 6,5 pulgadas de altura (doblado) y 9 pulgadas de ancho. Puedes crear sin esfuerzo una versión más amplia agregándole más cuerdas. Como el ejemplo ilustrado, estamos usando dos colores. El color A es un marrón, y el B es turquesa; puedes usar cualquier color según tu preferencia.

Materiales Necesarios:

- 50 yardas de Material de cuerda de 4mm de grosor

- Un botón de tamaño pequeño para el cierre

- Tablero de proyecto, algunos alfileres, pegamento y cinta adhesiva

Nudos usados:

- Nudo de cañón (BK)
- Nudo doble de medio enganche (DHH)
- Nudos cuadrados alternos (ASK)
- Nudo cuadrado (derecho e izquierdo ambos)

Preparación:

• Corta veinte cordones de color A, cada uno de 4 yardas de largo.

• Corta los hilos extra en grupos de dos para mantener el bolso (rayado) más grande de 9 pulgadas, asegúrate de tener un número par de hilos.

• Corta cuatro cordones de color B, cada uno de 4 yardas de largo.

Instrucciones paso a paso:

1. Dobla por la mitad dos cordones de color A y átalos en el medio. La siguiente imagen muestra cómo envolver un nudo (cuadrado izquierdo) en el borde de la solapa para formar los picots. Puedes usar estos mismos detalles para producir todo el nudo cuadrado izquierdo usado en la creación del cuerpo de tu Bolso rayado. Marque mentalmente las cuatro partes, como si fueran cuatro cuerdas separadas. Para el nudo cuadrado de la izquierda, siempre se empieza moviendo el filamento 1 hacia la derecha, sobre los cordones de relleno 2 a 3 y bajo el

filamento de trabajo 4.

Ahora mueve 4 cuerdas a la izquierda, debajo de las cuerdas de relleno 2 a 3, y sobre la cuerda de trabajo 1.

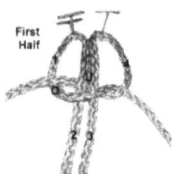

Desplace la primera mitad del nudo de modo que quede media pulgada por debajo del pliegue (para el picot de media pulgada). Las cuerdas 4 y 1 han cambiado de lugar, y la posición para la segunda mitad del SK está ahora invertida.

1. Tira de la cuerda 1 hacia la izquierda, sobre las cuerdas 2 a 3, y debajo de la cuerda 4. Tira de la cuerda 4 hacia la derecha, debajo de las cuerdas 2 - 3, y sobre la cuerda

2. Revisa el primer paso con dos cordones en color B, haciendo un diseño de bucle de 1 nudo picot.

3. Las siguientes pautas son para los diseños de pictogramas del nudo derecho (SK). Crear al menos siete nudos picots con un diseño de color A. Si quieres que el embrague a rayas sea más ancho que nueve pulgadas, puedes hacer más picots en

este color.

4. Crear un nudo picot con el color B en la parte superior.

Para tu cuadrado derecho, comienza tirando 4 cuerdas hacia la izquierda, sobre las cuerdas 2 a 3 y debajo de la 1. Ahora mueve el filamento 1 a la derecha, debajo de los filamentos 2 y 3, y sobre la cuerda de trabajo 4.

Mueve la cuerda 4 a la derecha para la segunda mitad, sobre las cuerdas de relleno 2-3 y debajo de la cuerda 1. Tira de la cuerda 1 hacia la izquierda, debajo de la cuerda 2-3, y por encima de la 4.

5. Organiza en el tablero todos los diseños de pictogramas de la siguiente manera: Tres pictogramas de color A de la izquierda (de los pasos 1 a 2), seguidos de un pictograma de color B de la izquierda creado en el paso 3. Y un pictograma derecho de color B creado en el paso 4 que es seguido por los 7 diseños de pictogramas de color A.

Cualquier otro diseño de pictogramas que hayas creado debe ser colocado en el lado derecho de los demás.

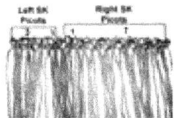

El bolso de rayas se crea usando (ASK) Nudos Cuadrados Alternos. Antes de empezar, debes saber cómo cambiar los cables, así que si no sabes cómo funciona el patrón de ASK, entonces practica. Para cada fila, comenzarás desde la izquierda, para que las direcciones tengan sentido. Mentalmente numera todos los cables del 1 al 48. Enfoque muy claramente la dirección de su nudo cuadrado (izquierdo o derecho), ya que la raya hecha con el color B depende de los cambios de dirección. Los cables de trabajo del lado izquierdo se mueven previamente. Primero, las cuerdas de trabajo que se muevan estarán a la derecha.

6. La primera fila está atada en grupos de 4, comenzando con la tercera cuerda.

Los primeros 4 nudos son el nudo cuadrado izquierdo hecho con las cuerdas:

o 3 - 6 del color A

o 7 - 10 del color A

o 11 – 14 del color A y B combinados

o 15 - 18 del color B

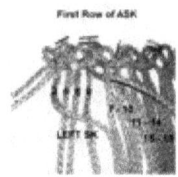

7. Ahora cambie a un nudo cuadrado derecho para cuando esté usando las cuerdas 19 a 22, que es de los nudos restantes. Las cuerdas usadas son 27 -43 - 46 del color A y B combinados. Los Nudos Cuadrados a la derecha, de color A: 30, 23 26, 35 38, 31 34, y 39 42.

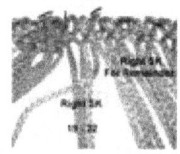

8. La segunda fila comienza con los 4 cordones restantes (SK), atados con las cuerdas:

o 1 – 4 (color A)

o 5 – 8 (color A)

o 9 – 12 (color A)

o 13 – 16 (color B)

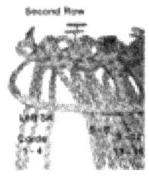

9. Ata el primer nudo cuadrado derecho con las cuerdas 17 a la 20, del color B.

Los lazos sobrantes se atan con las cuerdas:

- 21 al 24,
- 25 al 28,
- 29, 32,
- 33 al 36,
- 37 al 40,
- 41 al 44,
- y 45 to 48.

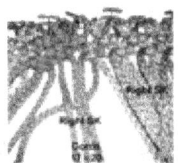

10. Rehaz el sexto paso, pero cambie las cuerdas 2 y 3 antes de hacerlo. Así que el primer nudo cuadrado izquierdo se crea con las cuerdas 2-4-5-6. El cordón 2 debe ser usado como un cordón que funcione sólo una vez, y este es un buen lugar

para hacerlo.

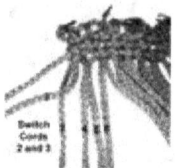

Repita el séptimo paso, pero cambie las cuerdas 47 y 46 cuando llegue a la última pregunta de esa fila. Ahora las cuerdas 43-44-45, y 47 haz el último nudo cuadrado derecho.

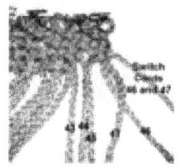

11. Repite los pasos 9 y 8 y luego los pasos 7 y 6 para el resto del bolso a rayas.

12. Repita este paso hasta que el patrón tenga 18 pulgadas de longitud, desde la fila superior hasta la fila final de ASK de los picots. Deténgase en la fila donde se usan las cuerdas 3 a 46 (pasos 7 y 6).

Consejo útil: fíjese que los cordones de color B estén en el grupo siempre antes de empezar cada fila. No es difícil cambiar las cuerdas sin querer, y eso es MALO en este caso. Por lo tanto, tenga mucho cuidado mientras esté en el área que está rayada y preste mucha atención a la posición del cordón (vea la imagen para la referencia).

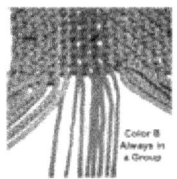

Los dos colores se mezclan en una franja en las filas donde los pasos se repiten 7 y 6. El nudo cuadrado siempre empieza con el hilo de color A. Para esta situación, es el acorde 11 ya que estás haciendo un nudo cuadrado izquierdo.

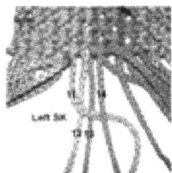

En esta fila, el siguiente nudo de color mezclado también comienza con el mismo cordón de trabajo del color A.

Es el cordón 22 en esta situación ya que está creando un nudo cuadrado derecho.

El último detalle que debes observar es que los primeros 4 nudos son todos nudos cuadrados izquierdos en cada fila, y el resto son *SK's* derechos. Una vez más, cambiar de dirección en el lugar correcto es muy importante para crear este bolso de rayas. Las líneas no se alinearán de otra manera.

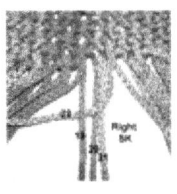

El borde delantero del bolso de Rayas se hace una vez que toda la ASK está sujeta o atada. Asegúrate de tener una idea completa para atar un (DHH) Doble Medio Enganche.

13. Tira de una cuerda a la derecha, y así queda por encima de todas las demás.

14. Este cordón funcionará como un cordón de sujeción o de parada para la primera fila de DHH's.

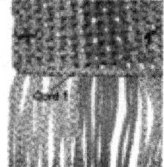

15. Conecta los cordones 2 a 47 con un nudo DHH para sostener un cordón. Mientras se crea cada bucle, girando en sentido contrario a las agujas del reloj. Ata con seguridad cada nudo.

La barra formada debe ser colocada contra la última fila de ASK y doblada un poco hacia los bordes derecho e izquierdo del bolso (como en la siguiente foto).

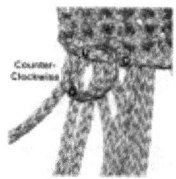

Cuando te muevas hacia adelante, empuja los lazos tan fuertes como puedas hacia el otro, para que tengas espacio para todos los cordones. Asegúrate de que no conectas el cable 48 que es el último cable del borde que está derecho a tu Bolso de Rayas.

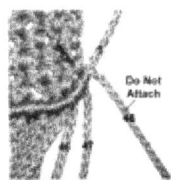

16. Ahora mueve la cuerda 48 hacia la izquierda, situada justo debajo de la primera sección del DHH. Conecta todas las cuerdas 47 a 2 en el mismo orden con nudos DHH en el sentido de las agujas del reloj. Una vez que llegues al área de las rayas, detente ahí.

17. Termina las cuerdas cortándolas a dos pulgadas cada una. Voltea el embrague que está rayado, así que ahora estás trabajando con la parte de atrás. Desliza un solo cordón a través del bucle creado bajo una fila, que es la fila debajo de la fila ASK. Use pinzas y alicates si es necesario para este paso. Este bolso debe estar forrado, ocultando las esquinas cortadas de las cuerdas. Si no quieres hacer esto, corta los cordones un poco más, y añade pegamento para pegar.

18. Ahora es seguro atar los toboganes al embrague. Comienza tomando la medida del bolso hasta cinco pulgadas, comenzando por los picots. Esa es la solapa de tu embrague, así que dóblala aquí. Tira hacia abajo 6 pulgadas y media y vuelve a doblarlo. Esto separará la parte trasera de la

delantera. La sección con los nudos de DHH es su frente. Agarra el bolso entre tus muslos o colócalo en una esquina. Hay nudos entre las filas de nudo cuadrado alternado a lo largo de los lados del bolso. Alinee los nudos de las secciones trasera y delantera para que estén en contacto directo. Habrá un solo nudo en el pliegue de la parte delantera y trasera. Usar dos pedazos de cuerda de 18"; o dos pedazos nuevos, para atar los bordes.

Desliza tu cordón en las filas finales de los DHH's asegúrate de estar lo más cerca posible del borde desde el frente del bolso. Ahora deslízalo directamente a través de un lazo desde la parte trasera del bolso.

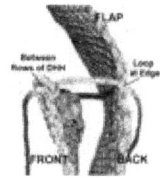

19. Haz una cruz con los dos extremos de tus cordones y luego muévelos a los bucles del siguiente conjunto. Muévelos de adentro hacia afuera.

20. Rehaz el paso 18 varias veces más, pasando por alto los extremos de otro bucle, hasta que se encuentre con el área volteada (doblada) en la parte delantera y trasera. Una vez que llegues al pliegue, mueve ambos extremos del lazo similar, llevándolos a la parte interior de tu Bolso de Rayas. Antes de continuar, asegúrate de que el cordón esté firme.

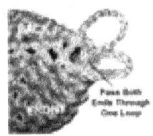

21. Gire el bolso al revés, para que la cuerda del cordón esté en el lado exterior y sea más fácil de manejar. Sostén un nudo de barril (bucle extra y nudo simple) para mantenerlo en su lugar. Recorta el exceso de material cerca del nudo, y luego agrega un poco de pegamento. Cuando se usa un cordón de material sintético, se puede derretir el material con el fuego. Voltea el bolso que está rayado al revés, de modo que los bordes que se cortan están en el lado interno.

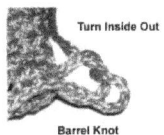

22. Puedes añadirle un forro alrededor de los extremos. El área buena para coserlo en el área delantera está dentro de las (dos) filas de DHH. Hay suficiente área para un hilo y una aguja.

Perchas de plantas

Proyecto 18: Colgador de planta Ayla

Descripción: Colgador de plantas de 70cm (2 pies y 3,5 pulgadas)

Nudos usados:

- Nudo cuadrado,
- Medio nudo cuadrado,
- Nudo cuadrado alterno,
- Nudo de corona,
- Nudo de unión y

- Medio nudo de enganche

Suministros:

- 4 cordones de cuerda de 4 metros (13 pies y 1,5 pulgadas),
- 4 cordones de 5 metros (16 pies y 4,8 pulgadas),
- 2 cordones de 1 metro (3 pies y 3,4 pulgadas),
- 1 anillo de madera de 50mm (2 pulgadas) y 4 cuentas de madera de 10mm (0,4 pulgadas) de diámetro.

Direcciones paso a paso:

1. Dobla los 8 hilos más largos de la cuerda por la mitad a través del anillo de madera. Ata todos los filamentos (ahora 16) junto con un filamento más corto de 1 m (3 pies y 3,4 pulgadas) con un nudo de unión. Corta los extremos del cordón después de hacer el nudo de unión.

2. Ahora sigue el nudo de la corona. Es más fácil cuando giras tu proyecto al revés entre tus piernas, como se muestra en las fotos. Dividir las 16 hebras en 4 conjuntos de 4 hebras cada uno. Cada conjunto tiene 2 hebras largas y 2 hebras cortas. Ata 5 nudos de corona en cada conjunto. Tira de cada hebra con fuerza y suavemente.

3. Ata 15 nudos de medio cuadrado en cada conjunto de cuatro hebras. En cada conjunto, las 2 hebras más cortas están en el medio y se atan con las 2 hebras exteriores más largas. tendrá una caída de 6 cm sin nudos.

4. Haz un nudo cuadrado con cada juego.

5. Luego agregue la cuenta de madera a los 2 cordones internos de cada juego y haz un nudo cuadrado con cada juego de nuevo. Desciende 6 cm. sin nudos y haz 6 nudos cuadrados con cada uno de los 4 conjuntos.

6. Toma 2 hebras de un conjunto y haz 10 nudos de medio enganche alternados. Repita para las dos hebras izquierdas de ese conjunto. Y luego repite para todos los sets.

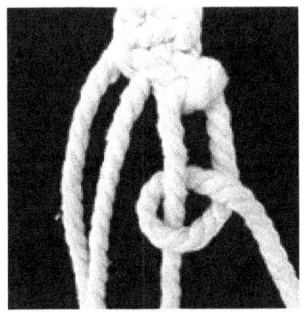

7. Ata un nudo cuadrado alterno para conectar los dos cordones izquierdos de cada conjunto con los dos derechos del conjunto a su lado. Seguido por 3 nudos cuadrados para cada nuevo conjunto (así que tienes 4 nudos cuadrados en total para cada nuevo conjunto formado).

8. Coloca el recipiente o tazón elegido en el colgador para asegurarte de que encaje, junta todas las hebras y luego haz un nudo de unión con la hebra más corta que quede de 1m. Recorta todas las hebras a la longitud que quieras. Si quieres, puedes desenredar los extremos de cada hebra.

Proyecto 19: Perchas de planta Bella

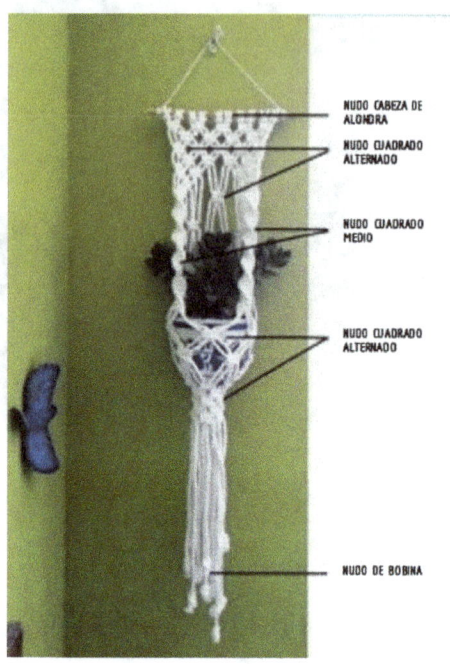

Descripción: colgador para plantas de 60 cm (sin contar el fleco)

Suministros:

- 6 hebras de cuerda de 4 metros de largo,
- 4 hebras de 5 metros de largo y
- Un palo de madera de 30 cm.

Nudos usados:

- Medio nudo,
- Nudo de cabeza de alondra,

- Nudo cuadrado (alterno) y
- Nudo en espiral.

Direcciones paso a paso:

1. Dobla todas las hebras por la mitad y átalas al palo de madera con el nudo de la Cabeza de Alondra. Las hebras más largas están en el lado exterior (2 hebras en el lado izquierdo y 2 en el derecho).

2. Haz 4 filas de nudos cuadrados alternados. (Véase la guía de nudos para la explicación).

3. En la quinta fila sólo haz 2 nudos cuadrados alternados a la derecha y 2 a la izquierda.

4. En la sexta fila sólo se ata un cuadrado alterno en cada lado.

5. Luego, con las 4 hebras en el lado, se atan 25 medios nudos (cuadrados). Hazlo para ambos lados, el izquierdo y el derecho.

6. Toma 4 hebras del centro de la percha de la planta, primero

caiga 6cm. sin nudos y luego haz un nudo cuadrado con las 4 hebras del centro. Ahora con las 4 hebras al lado del medio, baja 8 cm. sin nudos y haz un nudo cuadrado. Haz esto para ambos lados (izquierdo y derecho).

7. Descienda 6cm. sin nudos y ate 2 nudos cuadrados (alternados) tomando 2 hebras de ambos lados (grupo derecho e izquierdo). Luego 3 nudos cuadrados alternados con los otros grupos. Estos nudos deben estar más o menos a la misma altura donde han terminado los hilos con los medios nudos.

8. Toma las 2 hebras exteriores del grupo de la izquierda, que hiciste 25 medios nudos, y toma las 2 hebras exteriores del grupo de la derecha. Primero bajando 2,4 pulgadas (6cm sin nudos), haces un nudo cuadrado con estas 4 hebras.

9. Haz lo mismo con el resto de las hebras que sobran, haz grupos de 4 hebras, y ata nudos cuadrados alternados a la misma altura que el que hiciste en el paso 8. Descienda 6 cm. sin nudos y haz otra hilera de nudos cuadrados alternados usando todas las hebras.

10. Desciende 6 cm. sin nudos y haz 5 filas de nudos cuadrados alternados. Ten cuidado: esta vez no dejes NINGÚN espacio entre los nudos cuadrados alternados y hazlos lo más apretado posible.

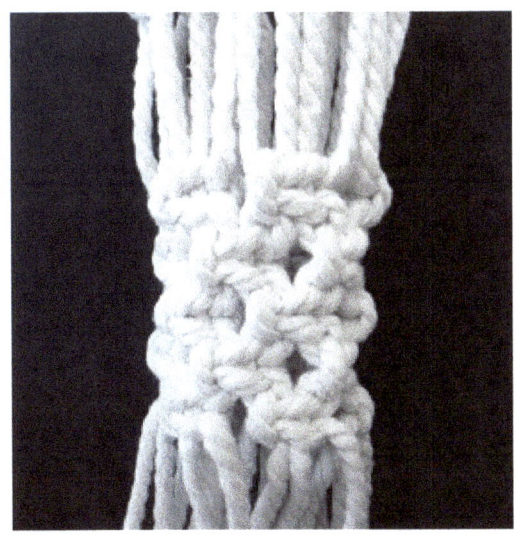

11. Baja tantos centímetros como quieras para hacer el fleco y haz en todos los extremos un nudo de bobina.

12. Luego corta todas las hebras, directamente debajo de cada nudo de la bobina.

Proyecto 20: Perchas de plantas Cathy

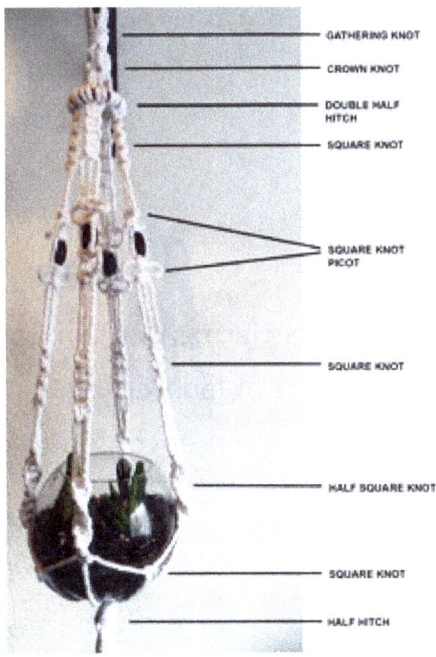

Descripción: Colgador para plantas de 85 cm (2 pies y 9,5 pulgadas) - sin contar el fleco

Suministros:

- 4 cuentas de madera de 3 cm (1,2 pulgadas),
- 7,5 cm (3 pulgadas) anillo de madera,
- 4 cuerdas de 5,5 metros (18 pies),
- 2 cuerdas de 4,5 metros (15 pies) y
- 1 cuerda de 65 cm (2 pies y 1,6 pulgadas)

Nudos usados:

- Nudo de juntura,
- Nudo corona,

- Nudo de medio enganche (doble),
- Medio nudo cuadrado y
- Nudo cuadrado

Direcciones paso a paso:

1. Dobla los 6 cordones más largos por la mitad, colocando los bucles ordenadamente uno al lado del otro. Use un nudo de unión para atar las cuerdas con el cordón más corto. Esto te da doce cuerdas en total.

2. Disponga los cordones en cuatro grupos de tres cordones cada uno. Asegúrate de que cada grupo consista en 2 cordones más largos y 1 más corto. Ata tres nudos de la Corona China con los cuatro grupos de cuerdas.

3. Desliza el anillo de madera sobre el lazo superior y déjalo caer a 3 cm del último nudo de la corona china. Con cada una de las doce cuerdas, atad un doble medio enganche en el anillo para asegurarlo. Esto te da un anillo de doble medio enganche.

4. Arregla las cuerdas en cuatro grupos de tres cuerdas cada uno. El cordón medio de cada grupo es el más corto, se llama cordón de relleno. Repita los pasos cinco a ocho para cada grupo.

5. Ata cuatro nudos cuadrados, cada uno con un cordón de relleno más corto.

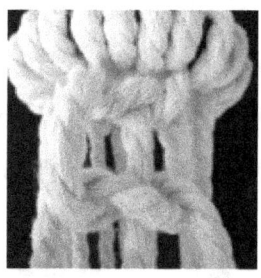

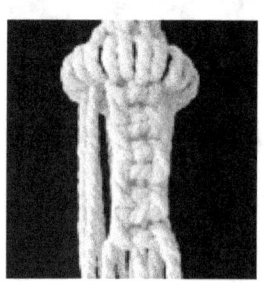

6. Baja 5 cm. Haz un nudo cuadrado.

7. Desliza una cuenta por el cordón de relleno. Haz otro nudo cuadrado directamente debajo de la cuenta.

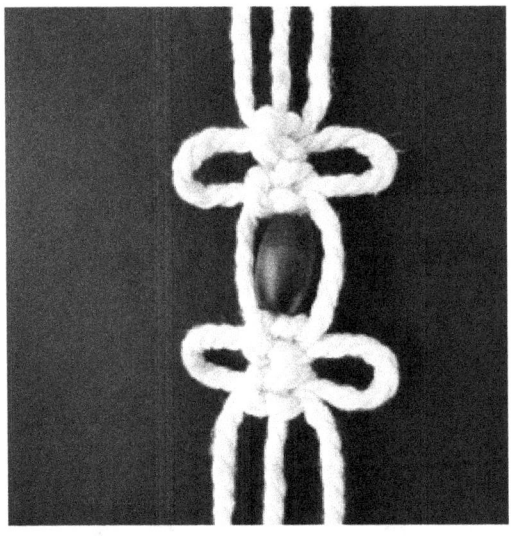

8. Baja 5 cm. Ata cinco nudos cuadrados, cada uno con un cordón de relleno.

9. Baja 5cm. Ata 10 nudos medios cuadrados, cada uno con un cordón de relleno.

10. Repita el siguiente procedimiento para cada uno de los cuatro grupos que acaba de anudar: baje 6cm (2,4 pulgadas); toma un cordón de cada nudo cuadrado vecino para hacer un nudo cuadrado SIN un cordón de relleno. Esto te da cuatro nudos.

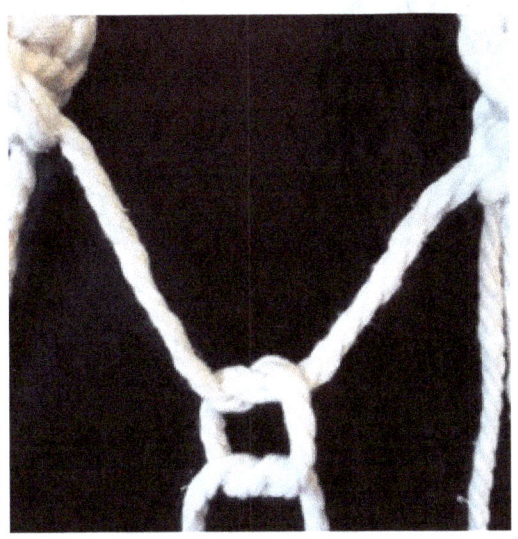

11. Bajar 12cm. Reúne y ata todos los cordones juntos con uno de los cordones que cuelgan usando para atar 10 veces un medio enganche.

12. Corta el flequillo para que mida 15cm (6 pulgadas).

Tejidos de fondo. Arte mural y decoración de interiores

Decoración de hogar Macramé

Ahora es el momento de aprender a hacer varios adornos para el hogar, ¡simplemente usando el arte del Macramé! ¡Míralos y mira cuáles quieres hacer tú mismo!

Perchas modernas de Macramé

Las perchas de plantas son hermosas porque dan a tu casa o jardín la sensación de un espacio aireado y natural. Este es perfecto para condominios o pequeños apartamentos, para aquellos con temas minimalistas y modernos.

Maceta de planta

Suministros:

- Cuerda par de 50 pies. (cuerda de paracaídas)

- Cuentas de madera de 16 a 20 mm
- Primero, dobla en la mitad 4 hebras de la cuerda y luego haz un lazo para que puedas formar un nudo.

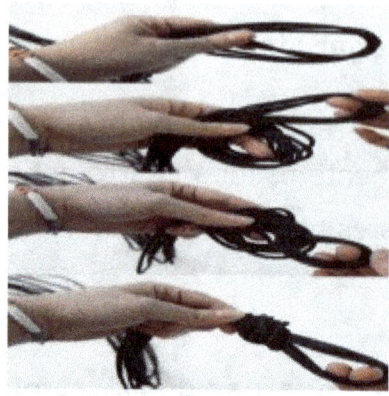

Ahora, divide las cuerdas en grupos de dos y asegúrate de encordar dos cuerdas a través de una de las cuentas de madera que tienes a mano. Enhebrar algunas cuentas más, al menos 4 en cada juego de 2 cuerdas agrupadas.

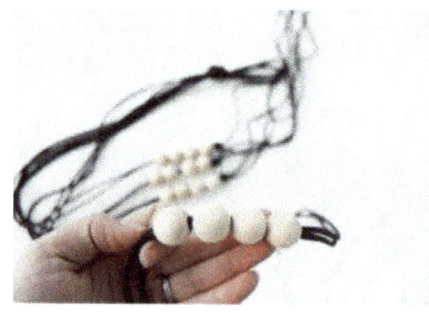

Luego, medir cada 27,5 pulgadas y hacer un nudo en ese punto y repetir este proceso para cada conjunto de cuerdas.

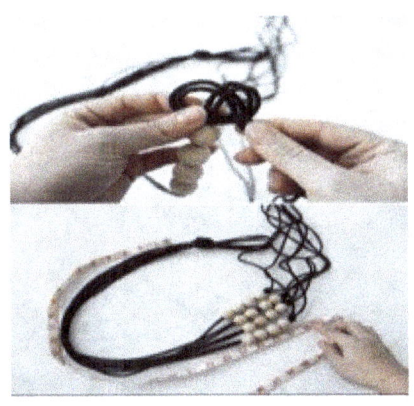

Mira el juego izquierdo de la cuerda y átalo a la cuerda derecha. Repita en los cuatro juegos para que pueda hacer por lo menos 3 pulgadas del nudo que has hecho anteriormente.

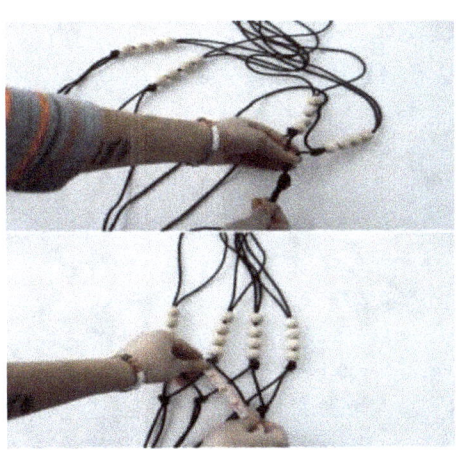

Ata otros cuatro nudos del nudo anterior que has hecho. Hazlos de al menos 4. 5 pulgadas cada uno.

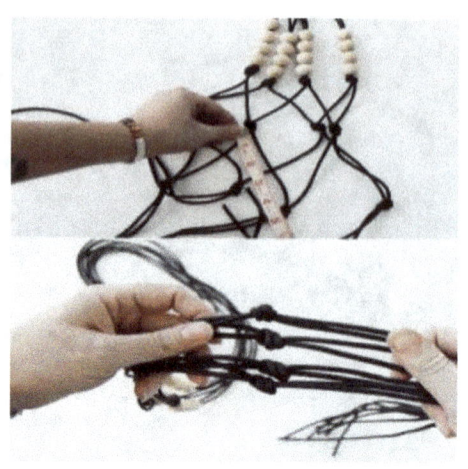

Agrupa todas las cuerdas y haz un nudo para terminar la maceta. Obtendrá algo como el que se muestra a continuación, ¡y podría agregarle su propia maceta!

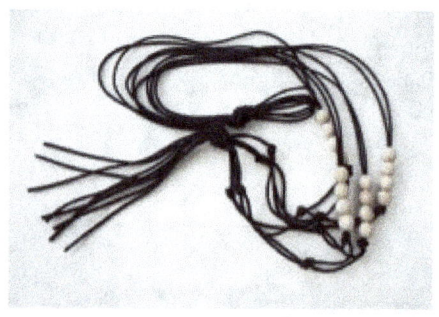

Proyecto 22: Mini macetas Macramé

¡Las suculentas están de moda hoy en día porque son tan lindas y decorativas! Lo que, es más, puedes hacer un montón de ellas y colocarlas alrededor de la casa, ¡lo que le dará a tu casa un aspecto único!

Suministros:

- Recipiente pequeño
- Mezcla de tierra de jardín/macetas
- Suculentas/plantas miniatura
- Anillo de salto de ¼ pulgada
- 8 yardas de hilo de bordar o cuerda delgada

Corta 36 pulgadas de 8 largos de cordón. Asegúrate de que 18 pulgadas ya son suficientes para cubrir suficientes medios enganches. Si no, siempre puedes añadir más. Deja que el hilo se enrolle sobre el anillo y luego haz un nudo de envoltura que pueda mantener todos los cordones juntos.

Crear un nudo de media vuelta atando la mitad de un nudo

cuadrado y repitiéndolo varias veces con el resto del cordón.

Deje caer un cuarto de pulgada de la cuerda y repita el paso dos veces.

Arregle su maceta y colóquela en la percha que ha hecho.

¡Clávese en la pared y disfrute viendo su mini maceta!

Proyecto 23: Grandiosa cortina de Macramé

Las cortinas de macramé le dan a tu casa el aspecto de una casa de playa. Ni siquiera tienes que añadir baratijas o conchas, pero puedes hacerlo si quieres. ¡De todos modos, aquí hay una gran cortina de macramé que puedes hacer!

Suministros:

- Cuerda de lavandería (o cualquier tipo de cuerda/cordón que quieras)

- Barra de cortina
- Alfileres
- Encendedores
- Cinta adhesiva

Ata cuatro hilos juntos y asegura los nudos superiores con alfileres para que pueda sujetar la estructura.

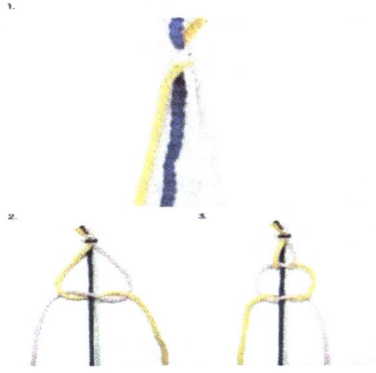

Toma la hebra de la parte exterior derecha y déjala cruzar al lado izquierdo pasándola por el medio. Tira con fuerza de los hilos y revierte lo que has hecho antes.

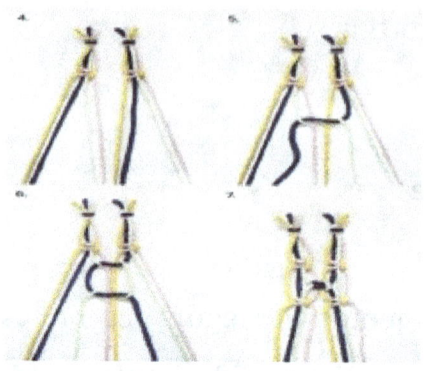

Repite el cruce del hilo cuatro veces más para el hilo que tiene ahora delante de ti. Toma la hebra de la izquierda exterior y déjala pasar por el medio, y luego toma la derecha y déjala pasar por el lado izquierdo. Repita lo que sea necesario, luego divida el grupo de hebras a la izquierda y a la derecha. Repite hasta que alcances el número de filas que quieras.

Ahora puedes aplicar esto a las cuerdas. Reúne el número o las cuerdas que quieras. De 10 a 14 está bien, o lo que sea que encaje en la barra, con un buen espaciado. Empieza a hacer nudos en la parte superior de la cortina hasta que alcances la longitud deseada. Puedes quemar o pegar con cinta adhesiva los extremos para evitar que se deshagan.

Trence las cuerdas para darles ese efecto de ensueño, como el que se ve abajo.

Eso es todo, ¡ahora puedes usar tu nueva cortina!

Proyecto 24: Arte mural de Macramé

Añadir un poco de Macramé a tus paredes siempre es divertido porque anima el espacio sin hacerlo apretado o demasiado abrumador para tu gusto. También se ve hermoso sin ser demasiado complicado de hacer. ¡Puedes comprobarlo abajo!

Suministros:

Cuentas de madera grandes

- Pintura acrílica
- Cinta de pintura
- Pincel de madera
- Clavija de madera
- 70 yardas de cuerda

Ata la clavija a una pared. Es mejor usar sólo ganchos removibles, así no tendrás que perforar más.

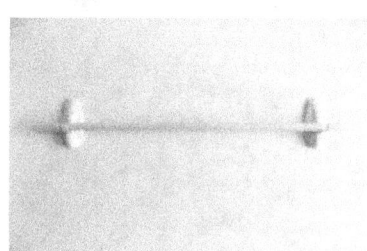

Corta la cuerda en 14 x 4 piezas, así como en 2 x 5 piezas. Usar piezas de 5 yardas para terminar con la clavija. Continúa haciendo esto con el resto de la cuerda.

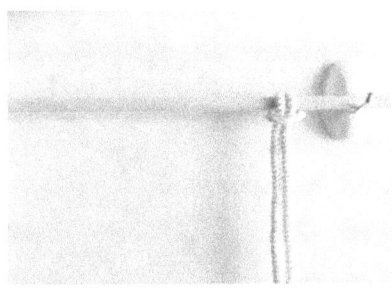

Luego, empiece a hacer nudos dobles de medio enganche y continúe hasta el final, como se muestra a continuación.

Una vez que llegues al final de la clavija, ata los nudos en diagonal para que no se caigan o se deshagan de ninguna manera. También puedes añadir las cuentas de madera de la forma que quieras, así obtendrás el tipo de decoración que necesitas. Asegúrate de hacer los nudos después de hacerlo.

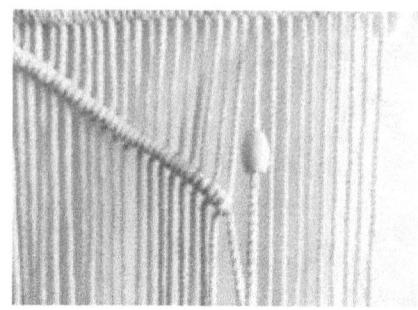

Usar cuatro cuerdas para hacer nudos de cambio y mantener la decoración más segura. Ata alrededor de 8 de estos.

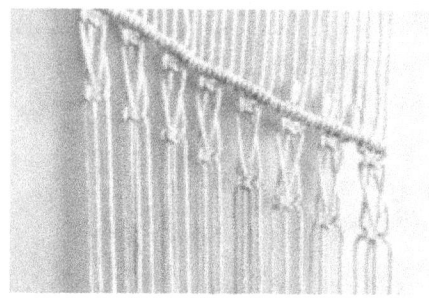

Añade un doble medio enganche y luego átalos en diagonal una vez más.

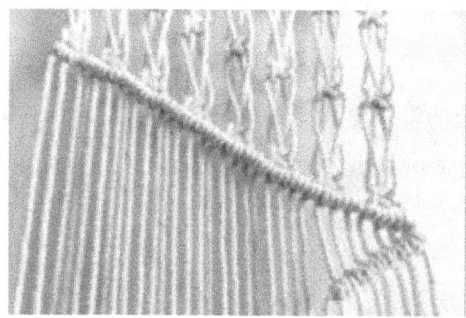

Añade más cuentas y luego recorta los extremos de la cuerda.

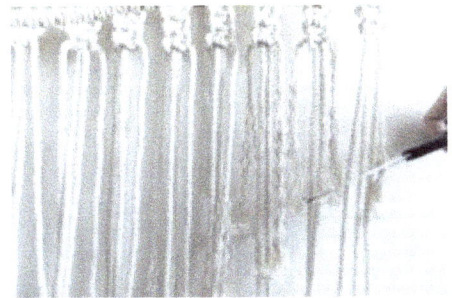

Una vez que hayas recortado la cuerda, sigue adelante, y le agregas algo de pintura. Los colores veraniegos o de neón estarían bien.

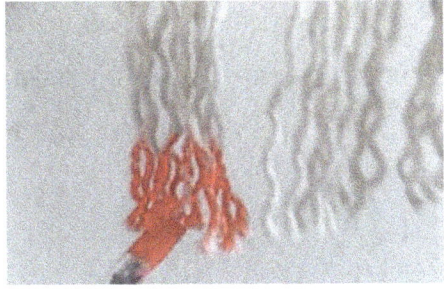

T ¡Eso es! ¡Ahora tienes tu propio arte mural de macramé!

Proyecto 25: Jarrón colgante de Macramé

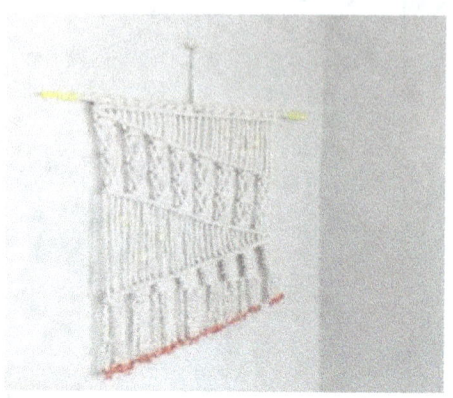

Para añadir un toque delicado y elegante a tu casa, puedes crear un jarrón de Macramé. Con este, tendrás que hacer uso de los puntos de la cesta con nudos, que aprenderás a continuación. ¡También es perfecto para aquellos que realmente aman las flores y quieren añadir un toque de naturaleza en casa!

Suministros:

- Cinta adhesiva
- Cinta métrica o regla
- 30 metros Cordón de nylon fino
- Jarrón pequeño redondo (de unos 20 cm de diámetro)

Corta ocho cuerdas de 3. 5 yardas o 3. 2 metros cada una y aparta una de ellas. Corta un cordón que mide 31. 5 pulgadas y déjalo a un lado también. Luego, corta un cordón que mide 55 pulgadas.

Ahora, agrupa ocho longitudes de cordón, las que no dejaste a un lado, por supuesto, y marca el centro con un trozo de cinta.

Envuelve las cuerdas manteniéndolas juntas y toma alrededor de 80 cm de ella para hacer una cola, como la que se ve abajo.

Envuelve el cordón alrededor de la parte trasera de la sección larga y asegúrate de mantener el pulgar en la cola. Luego, envuelve el cordón alrededor del grupo de cordón principal. Asegúrate de que esté firme, pero no lo hagas demasiado apretado. Si puedes hacer el bucle más grande, eso también sería bueno.

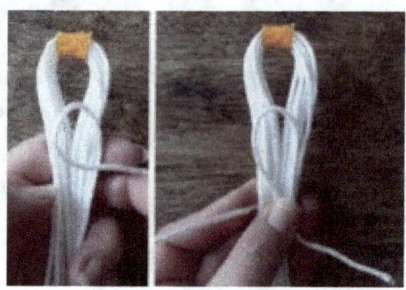

Envuelve el cordón alrededor de la parte trasera de la sección larga y asegúrate de mantener el pulgar en la cola. Luego, envuelve el cordón alrededor del grupo de cordón principal. Asegúrate de que esté firme, pero no lo hagas demasiado apretado. Si puedes hacer el bucle más grande, eso también sería bueno.

Divide las cuerdas en grupos de cuatro y asegura los extremos con cinta adhesiva.

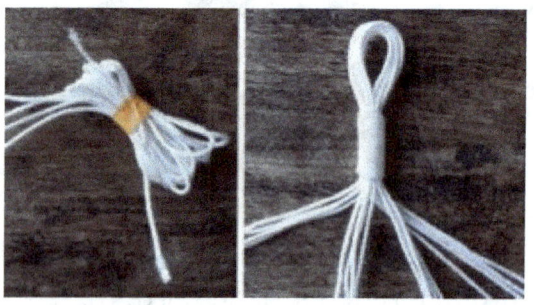

Hazlo 13 veces más a través del bucle y ve y tira de la cola hacia abajo para que el bucle se suavice. Deje de dejar que las cuerdas se superpongan tirando de ellas cuando sea necesario y luego corte ambos extremos para que no se vean más. Divide las cuerdas en grupos de cuatro y asegura los extremos con cinta adhesiva.

Dobla el cuarto cordón y déjalo pasar por debajo del cordón más a la izquierda y luego por el lazo del primer cordón. Asegúrate de empujarlo bajo el gran nudo para que esté firme.

Haz más medio enganches hasta que formes más giros. Deténgase cuando vea que ha hecho alrededor de 12 de ellos

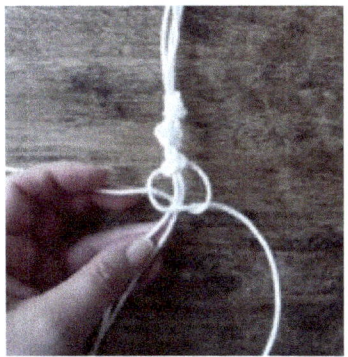

y luego repita con el resto de las cuerdas.

Ahora es el momento de hacer la cesta para el jarrón. Lo que debes hacer aquí es medir 9 centímetros de tu grupo de cuerdas. Haz un nudo a la vista y asegúrate de marcarlo con cinta adhesiva.

Deja que los dos grupos de cuerdas se unan colocándolos uno al lado del otro.

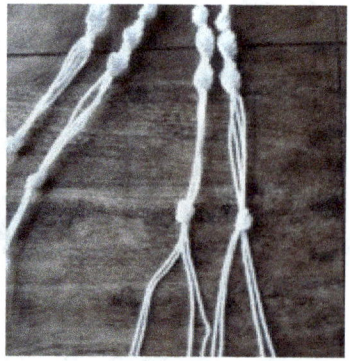

Ata los cordones, pero asegúrate de mantenerlos planos. Asegúrate de que los nudos no se superpongan, o de lo contrario tendrías un proyecto desordenado, que no es lo que querrías que ocurriera. Utiliza dos cuerdas de la izquierda como punto de partida y luego trae las dos cuerdas de la derecha sobre la parte superior del bucle. Enróllalos bajo los cordones inferiores y luego vuelve a subirlos una vez más.

Ahora, encuentra tu lazo original y enhebra los mismos cordones detrás de ellos. Entonces, déjalos pasar por los cordones de la izquierda haciendo uso del lazo una vez más.

Deja que el nudo se mueva una vez que lo tengas en posición. Debería estar a unos 7,5 cm de los nudos de la mano. Después de hacerlo, asegúrese de aplanar los cordones y dejar que se sienten uno junto al otro hasta que tenga un nudo firme en la parte superior. Sigue dividiendo y dejando que las cuerdas se junten.

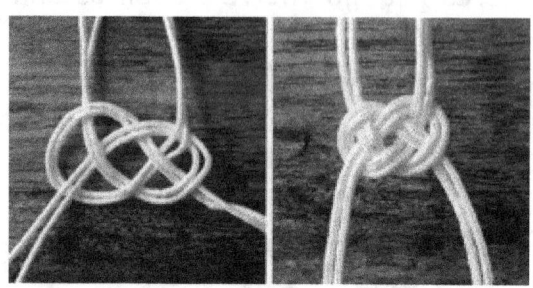

A continuación, toma el cordón de la izquierda y déjalo pasar por el segundo y tercer cordón antes de doblar el cuarto bajo los dos primeros cordones. Entonces se vería un nudo cuadrado que se formaría entre el segundo y tercer cordón. Entonces deberías repetir el proceso en el lado derecho. Abre el cordón del lado derecho y déjalo pasar por debajo del cordón izquierdo. Repita este proceso tres veces, y luego junte los cuatro nudos cuadrados que ha hecho poniéndolos sobre una mesa.

Entonces verás que los cordones se han unido en la base. Ahora, debes empezar a envolver la base envolviendo un cordón de 1,4 metros y envolverlo 18 veces.

Para terminar, sólo corta las cuerdas como quieras. Está bien si no son de la misma longitud para que haya variedad y se vean más bonitas en tu pared. Asegúrate de hacer nudos al final de cada uno de ellos antes de colocar el jarrón dentro.

¡Disfruta de tu nuevo jarrón colgante!

Otras cosas que puedes hacer con el Macramé

Proyecto 26: Porta plantas de Macramé fácil de hacer por tí mismo

Este no es el macramé de tu abuela. De acuerdo, tal vez lo sea, pero en algún momento, algo hace un regreso u otro, ¿verdad? Me encanta el tacto suave y texturizado de esta porta plantas de macramé. ¿Y la mejor parte, la mejor parte? ¡Puede hacerse en unos minutos! Me gustan los proyectos básicos que pueden ser completados en un par de minutos.

Proyecto 27: Porta plantas de Macramé

Este es un proyecto perfecto para hacer retazos de hilo extra para los amigos y la familia. Puedes usar plantas vivas en tu tazón, o puedes usar una falsa si eres un asesino de plantas como yo. ¿Riego? ¿Sin regar? Eso es lo que me gusta, ¡comencemos ahora!

Suministros:

- Materiales para el porta plantas de Macramé
- Anillo de metal o madera
- Hilo
- Tijeras
- Planta en una maceta

Métodos

1. Cortar cuatro longitudes de hilo diferentes. Los míos eran de unos 2 pies de largo. ¡Quieres asegurarte de que tu porta plantas es suficiente para terminar! Puede que tengas que hacer los hilos más largos, dependiendo del tamaño de tu maceta.

2. Dobla la mitad de las hebras de tu hilo, y luego dobla el extremo doblado de tu cadena. Toma los cabos sueltos y tira de ellos a través del lazo de hilo que has creado.

3. Dividir el hilo en cuatro grupos de hilos de dos hebras cada uno.

4. Mide varios centímetros (acabo de mirarlo) y une cada uno de los grupos. Asegúrate de que los nudos tengan más o menos la misma longitud.

5. Documenta este anuncio Toma el camino izquierdo de cada grupo y añádelo al camino derecho de la agrupación. Mantén los nudos un poco más profundos, desde el primer conjunto de nudos sólo una o dos pulgadas. Sé que suena complicado, pero no lo es, ¡lo juro! Toma los dos hilos externos y los une para crear una red circular.

Proyecto 28: Colgantes de pared con Macramé

Una pared de macramé suspendida en una casa

Una pared de macramé suspendida es un proyecto de bricolaje fácil que añade un toque artesanal a cada habitación de su casa. No tengas miedo de convertirlo en tuyo.

Dado su tamaño, este es un proyecto simple que le toma una o dos horas para terminar. Se junta rápidamente, y encontrarás muchas formas de añadir tu estilo.

Este es sólo uno de los muchos patrones de macramé libre, incluyendo colgadores de plantas, cortinas y mucho más.

Los nudos que se usan para montar esta pared de macramé incluyen el nudo de cabeza, el nudo en espiral y el nudo cuadrado.

Lo que necesitarás para terminar este colgante de pared de Macramé:

Suministros:

- Cordón de algodón macramé (200 pies)
- 61 metros de percha de madera (3/4 de pulgada de circunferencia de 24 pulgadas)
- Tijeras de madera (3/4 de 24 pulgadas)

La percha de madera no debe ser de medidas tan exactas y usar la escala que quiera en lugar de la clavija de madera si todas las cuerdas están colocadas sobre ella. Si quieres darle una experiencia al aire libre, puedes usar una rama de un árbol de la misma altura.

Proyecto 29: Haz un colgador para tu percha de madera

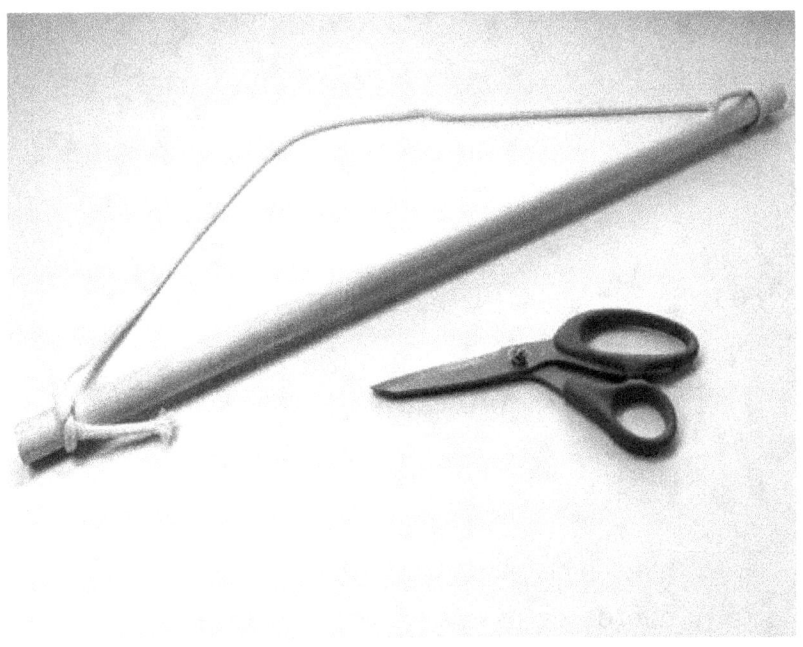

Corta un trozo de cordón de macramé de un metro y lo atas a una clavija de madera. Conecta los dos lados de la clavija de madera a cada extremo del hilo. Vas a usar esto para montar tu proyecto de macramé cuando termine. Al principio, me gusta fijarlo, para poder colgar el proyecto del macramé cuando hago los nudos. Es mucho más fácil trabajar de esta manera que determinarlo.

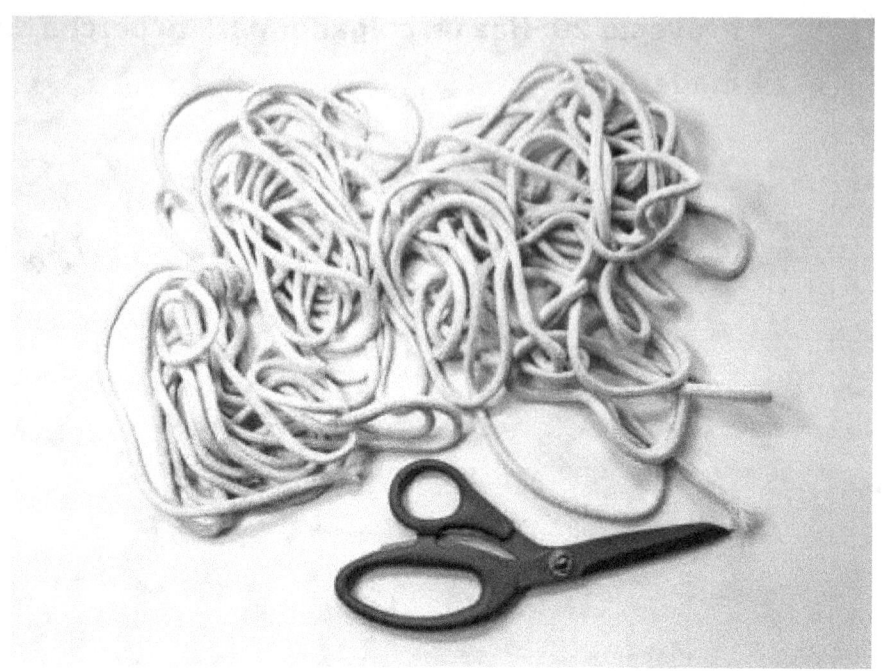

Corta tu cuerda de macramé en 12 cuerdas de 4,5 metros de largo con las tijeras. Puede parecer mucha cuerda, pero los nudos ocupan más cuerda de la que se espera. Si lo necesitas, no hay forma de hacer la cuerda más gruesa, así que mejor córtala que lo harás.

Dobla uno de los núcleos de macramé por la mitad en la clavija de madera y usa un nudo de cabeza de cucharón para atarlo a una clavija de madera.

Une las otras cuerdas de la misma manera.

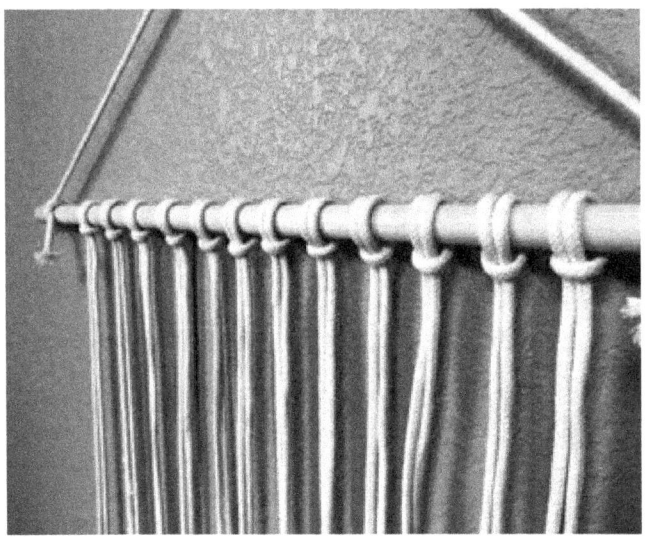

Toma las primeras cuatro cuerdas y haz una puntada en espiral hacia la izquierda (también conocida como medio nudo Lynton) atando 13 nudos medios.

Usando cuatro cuerdas para hacer una nueva puntada en espiral de 13 medios nudos usando el mismo par de cuatro cuerdas. Continúa trabajando en cuatro acordes. Deberías tener un mínimo de seis puntos de sutura en espiral antes de terminar.

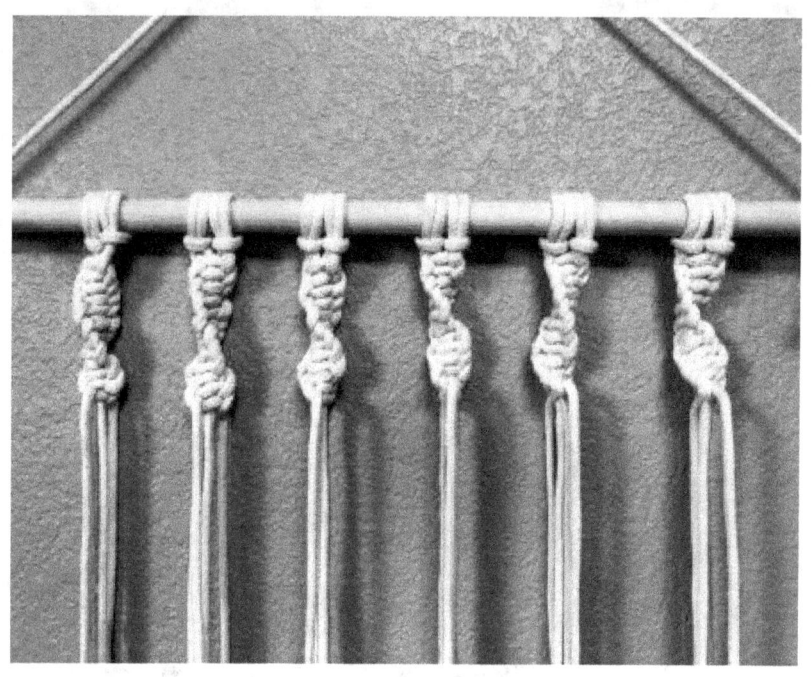

Escala unos dos centímetros desde el último nudo en un punto de la espiral. Aquí es donde se encontrará tu nudo, el nudo cuadrado.

Haz un perfil de nudo derecho con las primeras cuatro cuerdas. Continúe haciendo los nudos correctos en toda esta fila. Haz lo mejor que puedas para mantenerlos a todos en posición horizontal. Vas a terminar con seis nudos juntos.

La segunda fila de nudos cuadrados ahora es el momento de iniciar los nudos cuadrados para que podamos tener los nudos en forma de "V".

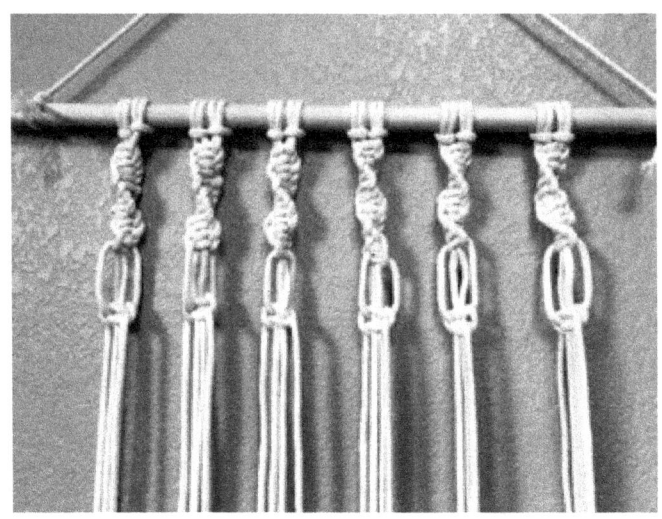

Abre las dos primeras cuerdas y las dos últimas. Considere cada grupo de cuatro nudos cuadrados orientados a la derecha. Ahora tienes una segunda línea con las dos primeras y las dos últimas cuerdas sin nudos y cinco nudos cuadrados. No importa cómo los espacies, sólo mantenlos juntos en cada fila.

Sigue disminuyendo los nudos cuadrados en "V"; formada por los nudos cuadrados de la tercera fila, las primeras cuatro cuerdas y las últimas cuatro cuerdas se dejarán fuera. Vas a tener cuatro nudos juntos. Para la cuarta fila de arriba, deja seis cuerdas y al final seis cuerdas. Vas a tener 3 corbatas cuadradas. En la quinta fila, al principio, tendrás ocho cuerdas y al final ocho cuerdas. Ahora vas a tener dos corbatas cuadradas. Para la sexta y última fila, se liberarán diez cuerdas al principio y diez al final. Te permite hacer un último nudo cuadrado con cuatro cuerdas.

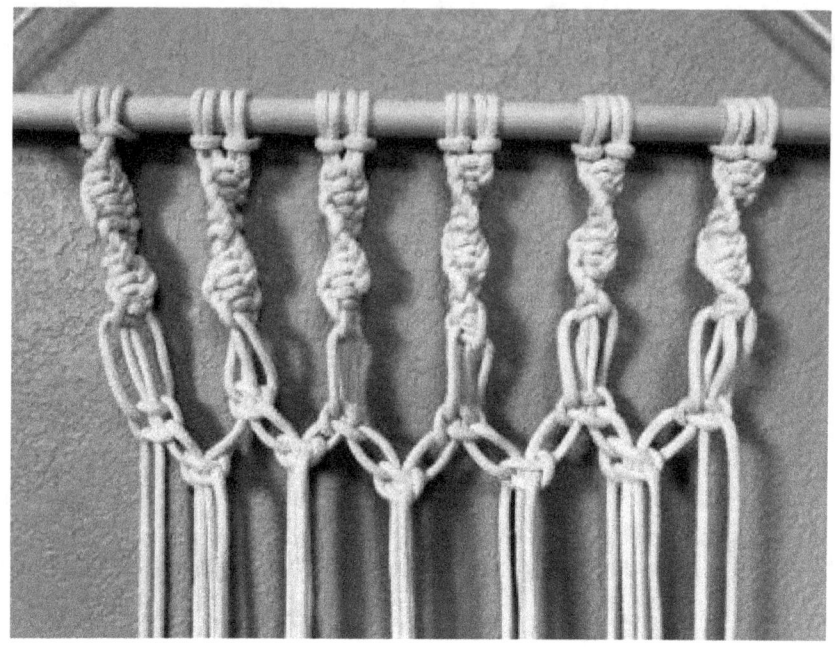

Realiza nudos cuadrados haciendo una segunda "V"; en nudos cuadrados los incrementaremos en un triángulo o una "V"; o al revés. Eso hará dos nudos cuadrados.

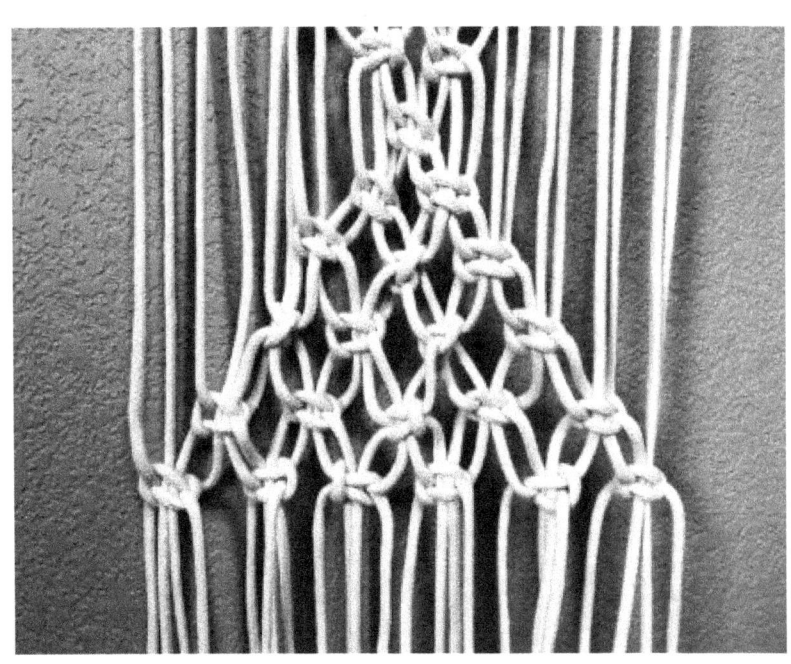

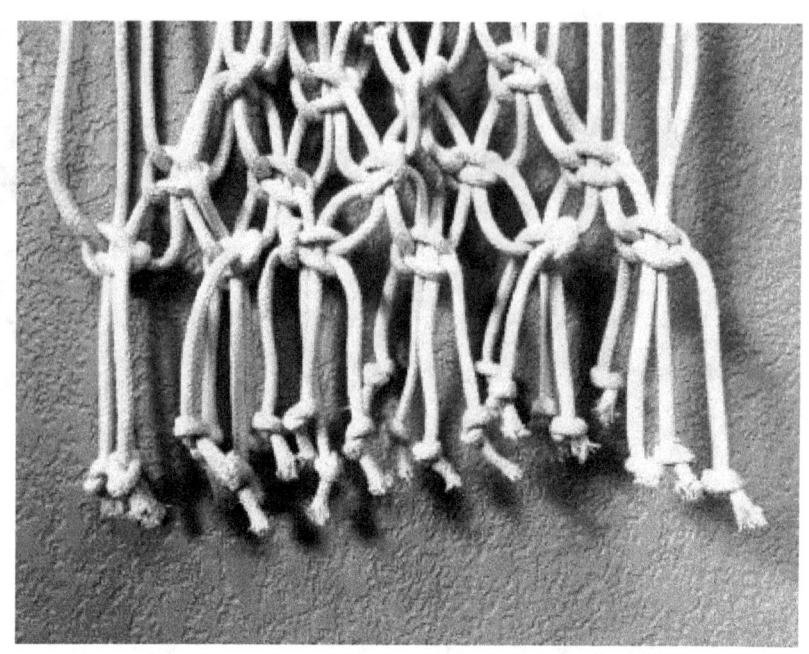

Ya conoces el término macramé, tanto si creciste en los años 70 como si has estado en Pinterest durante varios años. Los modelos de Macramé tienen diseños elaborados con una variedad de nudos que vienen en diferentes formas y tamaños.

Los ejemplos más comunes en Internet son los colgantes de pared, pero con esta técnica y material, se puede hacer mucho más. Y mientras seguimos esperando uno de estos excitantes proyectos, hemos decidido alejar el foco de atención de la pared y pasar a conceptos más prácticos.

Estos tutoriales de macramé son ideales para los principiantes, y algunos de ellos pueden ser completados sin un solo nodo. Una demostración carece de nodos, pero usa cordón de macramé para girar en su lugar. ¿Le gustaría saber más? Vea abajo los ejemplos favoritos.

Sin embargo, primero, aprende a hacer unos simples nudos de macramé antes de lanzarte a cualquiera de los siguientes proyectos. Practica estos nudos hasta que estés seguro del resultado tanto como sea posible.

Mantel de mesa de Macramé

La mayoría de los caminos de mesa de macramé están por ahí, pero nos encanta el de "Un hermoso desastre". Las fotos rompen el patrón en pasos simples, y las instrucciones son directas. Puede ser un reto averiguar cómo hacer un nudo sin una grabación, pero estas imágenes te dan una buena idea de cómo será cada nudo.

Hablo en capas de coordinación y contrastes al decorar cada habitación. Estos tres elementos que hacen que una habitación sea menos simple, independientemente de si es de color, textura o escala. ¡Mi cuarta pauta es la versatilidad! Este mantel de mesa de macramé marcó todas las casillas e hizo este compacto rincón con su estilo básico e intrigante aún más único.

Todo lo que necesitas saber son tres nudos esenciales, y tienes una capa encantadora que funciona cada temporada. Si conoces los nudos aprendidos aquí, puedes adaptar el camino de mesa a la longitud de tu mesa o cambiarlo totalmente y crear una pared de macramé colgante

Suplementos: percha de madera de 12 pulgadas. Una cuerda de algodón de 3 mm con longitud de 22 pulgadas con hilo de algodón de 2 pulgadas y tijeras para colgar la espiga.

Paso uno: Aplique hilo de algodón a cada extremo de la clavija y cuélguelo en el colgador de la puerta. Dobla tu primera cuerda 16'' por la mitad y haz un nudo en tu clavija. Para medidas aún más exhaustivas, véase este artículo.

Paso dos: Mantén cada cuerda de 16' con un nudo de cabeza de alondra hasta que tengas un total de 22. Esto le permitirá trabajar con 44 hebras.

Paso 3: Echa el cable exterior derecho sobre todos los demás cables (izquierdo) y deja caer el extremo de la manilla de la puerta. Esto formará la base de la serie de nudos conocida como medio enganche para crear una hilera horizontal. Utiliza la segunda cuerda del lado derecho para hacer un nudo alrededor de la cuerda que acabas de cubrir para que sea 6 pulgadas' debajo de la clavija.

Paso cuatro: Usar la misma playa para hacer un segundo nudo en la línea de cimentación. Esto se considera como un nudo a la mitad. Paso cinco: Asegúrate de que estén claros y parejos.

Paso cinco: Asegúrate de que estén claros y parejos.

Paso seis: Repita desde el exterior con la segunda, tercera y cuarta cuerda y haz otro nudo de enganche, para que quede ajustado, etc. Vas a empezar a ver la tendencia. Es una horizontal de medio enganche.

Paso 7: Continuar atando sucesivos cordones a lo largo de un solo nudo. No quieres estar tan cerca como para que esté en los bordes en la distancia.

Paso 8: De nuevo desde la derecha, usa las cuatro hebras exteriores para hacer un nudo alrededor de 1. 5 pulgadas por debajo de los nudos horizontales. Vea este artículo de almacenamiento de macramé para más información sobre un nudo cuadrado.

Saca los cuatro (5 a 8) hilos y haz otro nudo de nueve a doce hilos. Sigue saltando cuatro antes de cruzar la línea.

Paso 9: empieza de nuevo por la derecha, usa las cuatro hebras que te has saltado (de cinco a ocho) y haz un nudo cuadrado sobre 3" debajo de la clavija.

Paso 10: continuar atando conjuntos de cuatro hilos en nudos cuadrados hasta que la fila se termine.

Conclusión

Ahí lo tienes, bien hecho, todo lo que necesitas saber para empezar con tus propios nudos de macramé. Aprendiste lo fácil que es iniciarse en este hobby, y una vez que le tomes el truco a las cosas, descubrirás que es más fácil que nunca comenzar con tus propios proyectos.

La belleza del Macramé como arte antiguo que ha sobrevivido a la extinción durante siglos y que ha seguido prosperando como técnica de elección para la fabricación de artículos simples, pero sofisticados es simplemente inigualable. El simple hecho de que hayas decidido leer este manual significa que estás en camino de hacer algo grande. Hay un cierto e inigualable sentimiento de satisfacción que proviene de hacer tu propia obra maestra.

La regla más importante en el Macramé es la máxima expresión: "La práctica hace la perfección". Si dejas de practicar constantemente, es probable que tus habilidades se deterioren con el tiempo. Así que, mantén tus habilidades afiladas, ejercita las partes creativas de tu cerebro, y sigue creando alucinantes obras maestras hechas a mano. Las joyas y los accesorios de moda hechos con los nudos de macramé más básicos son siempre una belleza para la vista, por lo que sirven como regalos perfectos para los seres queridos en ocasiones especiales. Presentar un brazalete de Macramé a alguien, por ejemplo, transmite el mensaje de que no sólo te acordaste de darle un regalo, sino que también lo atesoras tanto que elegiste invertir tu tiempo en crear algo único especialmente para ellos también, y créeme, es un mensaje muy poderoso. Sin embargo, lo más bello del Macramé es quizás el hecho de que ayuda a crear accesorios duraderos. Por lo tanto, puedes conservar una pieza de decoración, o un accesorio de moda que hiciste para ti mismo durante muchos años, disfrutar del valor y todavía sentir nostalgia cada vez que recuerdes cuando lo hiciste. Incluso se siente mejor cuando haces ese artículo con alguien. Esta característica de durabilidad también hace que los accesorios de Macramé sean regalos increíblemente perfectos.

El macramé también puede servir como una avenida para que empieces tu pequeño negocio soñado. Después de perfeccionar tus habilidades en el Macramé, puedes vender convenientemente tus artículos y recibir un buen pago por tus productos, especialmente si puedes hacer perfectamente artículos como pulseras que la gente compra mucho. Incluso podrías entrenar a la gente y crear tu propia pequeña empresa que hace accesorios de moda a medida de Macramé. Las oportunidades que presenta el Macramé son verdaderamente infinitas.

Recuerda que cada uno de estos nudos va a ser la base de los otros proyectos que crees, así que vas a tener que tomarte el tiempo para familiarizarte con cada uno de ellos y practicarlos hasta que sean lo que necesitas que sean. No es probable que los consigas perfectamente de inmediato, así que tómate el tiempo para asegurarte de que lo haces bien antes de pasar al siguiente.

No te preocupes si no lo consigues al principio, va a llegar con el tiempo, y cuanto más tiempo le dediques, mejor te vas a convertir. Lleva tiempo y esfuerzo hacerlo bien, pero cuanto más tiempo y esfuerzo pongas en ello, mejor estarás. Mi objetivo con esto es darte la inspiración y la dirección que necesitas para dominar el macramé.

Puede ser difícil al principio, pero cuanto más te esfuerces, más fácil será todo hasta que sea algo natural para ti. Sé que te vas a enamorar de todos y cada uno de los aspectos de este hobby, y cuando sepas cómo hacer los nudos, vas a querer hacerlos de todas las formas posibles.

No te preocupes por los colores, y no te preocupes si no lo haces bien la primera vez. Esto te dará todo lo que necesitas para que suceda de la manera que quieres, y te mostrará que realmente puedes tenerlo todo con tus proyectos de macramé.

Espero que te conviertas en un maestro en este hobby, y que puedas conseguir los proyectos que quieres de los patrones que usas. Las formas de crear proyectos de macramé no tienen fin, y cuanto más te familiarices con ellos, más fácil te resultará hacerlos sin importar lo que quieras. Así que, sumérgete en el mundo del macramé con ambos pies, y aprende que no hay nada que se interponga en tu camino cuando se trata de estos proyectos.

Entonces, ¿qué estás esperando? Todo lo que va a tomar es tu tiempo y esfuerzo, y vas a conseguir lo que buscas con tus proyectos de macramé. A partir de ahora, estás en el camino de ser un maestro del macramé, y te vas a enamorar de todo el macramé. El mundo del macramé espera, rogándote que te sumerjas y empieces.

¡Buena suerte! ¡Y crea a tu gusto!

Así que, mantente alerta, sigue practicando y sigue mejorando. ¡Bienvenido a un mundo de infinitas posibilidades!

¡Deja de leer, empieza a hacer!

www.ingramcontent.com/pod-product-compliance
Lightning Source LLC
Chambersburg PA
CBHW070105120526
44588CB00032B/1065